MÉMOIRES
D'UN VILAIN

DU XIVᵉ. SIÈCLE,

Traduits d'un Manuscrit de 1369.

Par J. A. S. COLLIN DE PLANCY.

O nature!...
Dieu bon, Dieu bienfaisant, voilà ta créature!
CHÉNIER, *Fénélon*, act. II, sc. II.

TOME II.

PARIS,

L'HUILLIER, Libraire, rue Serpente, n°. 16;
LEMOULT, Libraire, au Palais-Royal, Galerie
de Bois, n°. 204.

1820.

MÉMOIRES

D'UN VILAIN

DU QUATORZIÈME SIÈCLE.

II.

On trouve chez les mêmes Libraires :

Maximes et Pensées du Prisonnier de Sainte-Hélène, 1 vol. in-8°. Prix broché : 2 fr. 50 c., et 3 fr. franc de port.

MÉMOIRES
D'UN VILAIN

DU QUATORZIÈME SIÈCLE,

Traduits d'un Manuscrit de 1369.

Par I. A. S. COLLIN DE PLANCY.

O nature !...
Dieu bon, Dieu bienfaisant, voilà ta créature !
Chénier, *Fénelon*, act. II, sc. II.

TOME DEUXIÈME.

PARIS,

Chez { L'Huillier, Lib., rue Serpente, n° 16;
Lemoult, Libraire, au Palais-Royal, Galerie de Bois, n°. 204.

1820

MÉMOIRES
D'UN VILAIN
DU QUATORZIÈME SIÈCLE.

CHAPITRE XII.

La seigneurie de Frocourt. Jacques Caillet. Amours de Marcel et de Marie. Chanson patriotique.

J'étais dans ma trentième année ; le père Augustin en avait bientôt quatre-vingts ; et malgré sa vieillesse, ses cheveux blancs, ses longs malheurs, il n'était pas encore dans la caducité ; il avait encore des forces. Il marchait presqu'aussi bien que moi; il supporlait toutes les fatigues, et ne se plaignait que des maux qu'il voyait si multipliés sur les vilains. Il devait ce reste de vigueur à la sérénité de son âme. Sa société n'était point morose ; sa conversation était enjouée, lorsqu'on pouvait le distraire des spectacles affligeans que la France lui offrait de toutes parts.

— Malheur à l'homme instruit dans un siècle d'ignorance, disait-il quelquefois ; malheur à l'homme sensible dans un siècle de barbarie !.... Mais pourtant, ajoutait-il, les lumières que je possède et les sentimens de pitié que j'éprouve me donnent des jouissances que l'ignorance ne peut concevoir, que le méchant ne comprendra jamais. Je sais à quoi Dieu me destine. Je vois après un instant de misère un bonheur infini ; et si je pleure sur les malheureux qui couvrent la terre, j'essuie bientôt mes larmes, en songeant qu'il vaut mieux être opprimé qu'oppresseur ; qu'il y a un autre monde et des siècles éternels (1).

Pour moi, j'étais moins calme ; tous les sentimens qui déchiraient si souvent l'âme généreuse du père Augustin, accablaient aussi la mienne ; mais j'avais plus de peine à surmonter ma douleur ; et quoique le bon religieux me montrât le ciel, en me répétant sans cesse que j'y retrouverais un jour mes malheureux parens, je ne pouvais m'empêcher de verser d'abondantes larmes sur leur mort si horrible, et de maudire les seigneurs qui m'avaient encore ravi le bonheur de les revoir. Dès-lors j'aurais songé à la vengeance, si j'en avais pu concevoir les moyens.

Outre ces peines de l'âme, tous les

---

(1) L'original porte : *mundumique alterum, et sæculorum sempiternitatem* (un second monde et une éternité de siècles.)

désirs et tous les feux de l'amour s'étaient rallumés dans mes sens et dans mon cœur, plus ardens que jamais, du moment où j'avais repris l'existence. Je ne cherchai point à tromper le père Augustin sur les tourmens que j'endurais ; il ne me demandait qu'un peu de patience. — Cherchons un pays supportable, me dit-il, alors vous prendrez une épouse ; vous trouverez peut-être dans son sein quelques momens de bonheur. Mais ne perdez pas un espoir si doux par une précipitation malheureuse.

Cependant nous étions loin de Saint-Mihiel, et nous nous rapprochions doucement du pays où j'étais né. Nos habits de moines nous étaient d'un grand avantage, en ce qu'ils nous protégeaient contre la servitude, contre le brigandage des seigneurs, et qu'ils nous ouvraient les portes de tous les monastères.

Après un voyage de vingt-huit jours, par les hameaux, les couvens et les bourgades, sans avoir rien remarqué que les mêmes abus et les mêmes violences qui nous avaient frappés dans les autres contrées, nous arrivâmes à Frocourt, auprès de Beauvais. Les champs étaient bien cultivés ; les cabanes et les vêtemens des serfs annonçaient un peu d'aisance. Cela nous surprit, nous en demandâmes la cause.

— Nous n'avons pas toujours été aussi heureux, nous dit un bon paysan ; car le seigneur sous qui je suis né était un cruel, qui se réjouissait tous les soirs à tuer ou estropier un vilain à coups de sabre. A force de satisfaire ainsi ses goûts, il avait dépeuplé la seigneurie de plus de moitié, parce que tous ceux qui le pouvaient abandonnaient leur gîte et se sauvaient ailleurs, sans que personne vint les remplacer. Il y eut enfin un serf qui eut le courage de s'aller jeter aux genoux de monseigneur l'évêque comte de Beauvais, et de lui conter tous nos maux. L'évêque de ce temps-là, qui était humain, envoya ici deux moines qui déclarèrent que le seigneur de Frocourt était malade d'une méchante folie, ou plutôt possédé d'un malin démon à qui il s'était vendu. Là-dessus on emmena ce seigneur je ne sais où ; et nous n'en avons pas entendu parler depuis, pour notre bonheur, car personne ici ne l'a regretté.

Il nous avait tenus cinq ans sous sa domination ; il y en a quinze et quelques mois que nous avons en sa place le plus digne seigneur de la contrée. Celui-là n'est pas difficile à servir, et nous serions heureux de l'avoir pour maître, s'il était plus puissant ; mais il est vassal d'un seigneur qui est à son tour vassal d'un autre seigneur, lequel est vassal de monseigneur l'évêque de Beauvais ; et il s'en faut bien que l'évêque d'à présent soit aussi bon que celui d'autrefois. Or, dans tous ces échelons de puissance, vous concevez que l'évêque de Beauvais, qui est le suzerain, peut faire faire à son premier vassal des choses que celui-ci commande au second vassal de faire faire au troisième vassal qui est notre seigneur. Avec tout cela, puisque nous mangeons du pain, ne nous plaignons pas, de peur qu'il ne nous arrive mille fois pis....

Le pays nous plaisait ; ce discours acheva de nous charmer, et nous résolûmes de nous établir à Frocourt: car le père Augustin, dont la tendresse pour moi ne se refroidissait point, voulait mourir dans mes bras et ne plus retourner dans les monastères. Nous nous présentâmes donc devant le seigneur que nous voulions adopter pour maître. Il nous parla sans hauteur, nous donna une cabane et deux petits champs, un pour le père Augustin, un pour moi ; nous exempta de toute taille, de toute redevance pour la première année ; et en me disant qu'il espérait que je cultiverais de bon cœur le champ du père Augustin, il engagea le vénérable religieux à l'aller voir toutes les fois qu'il en aurait le loisir.

Cet accueil acheva de nous attacher pour jamais à ce seigneur ; nous allâmes voir le curé, qui nous promit aussi sa protection, mais en nous avertissant de ne pas oublier ses dîmes.

Après cela, nous prîmes possession de notre cabane, et le lendemain même je me mis au travail de la terre.

Il y avait dans les environs un vilain, dont toute la seigneurie prononçait le nom avec éloge. Il se nommait *Jacques Caillet*. Comme je dois parler souvent de cet homme extraordinaire, et que je fus lié avec lui par l'amitié et par le sang, j'esquisserai ici son portrait. Il avait quarante ans. Sa figure était distinguée et en quelque sorte imposante; sa taille, ordinaire; son organe un peu rude. Quoique sans instruction, il avait de l'éloquence, un grand fonds de jugement, une manière de parler tout-à-fait entraînante, une probité sévère, et un amour extrême pour la liberté.

Il était généreux dans l'indigence, c'est-à-dire que ses peines, ses travaux, son petit bien, il n'épargnait aucune chose pour ses compagnons de misère. C'était lui qui avait obtenu de l'évêque de Beauvais un changement de seigneur pour son village. Dans les guerres de l'Angleterre et de la France il avait déployé un courage au-dessus du commun, et il conservait dans sa cabane les peaux de trois loups furieux dont il avait délivré son pays.

On le consultait encore dans les petites querelles de famille ; et on avait raison de s'en rapporter à sa prudence, puisqu'il avait l'heureux talent de réconcilier. Plusieurs fois, le nouveau seigneur avait voulu le faire juge de la seigneurie ; il avait toujours refusé, parce qu'il ne voulait aucune supériorité sur ses frères, et qu'il ne se sentait pas, disait-il, en état de rendre la justice.

Plus instruit, Jacques Caillet eût été un grand homme ; mais il ne savait pas lire, et il devait tout à la nature. Dans un gouvernement comme celui des anciens Romains, on lui eût confié la conduite, non pas d'un village, mais d'une grande province, et il en eût fait le bonheur. Dans toute république il aurait pu mériter les premiers rangs et se couvrir de gloire ; il ne fut que simple paysan ; et quoiqu'il ait fait de grandes choses, comme on le verra dans la suite, son nom sera sans doute oublié.

Tout ce qu'on nous disait de ce brave paysan nous inspira le plus vif désir de le connaître. Il nous reçut avec franchise ; et lorsqu'il vit en nous, non des moines superstitieux et stupides, comme il s'y était attendu, mais des ennemis du despotisme seigneurial, il nous serra la main. — Soyons amis, nous dit-il. Depuis que j'ai tué trois loups, le seigneur de Frocourt me permet la chasse une fois par semaine. J'ai ici un bon lièvre, dont je veux vous régaler. Après souper vous me raconterez vos aventures.

Cette offre fut bien reçue. Sa femme et sa fille servirent le souper, et nous nous mîmes à table. Ce repas était moins délicat et moins somptueux que ceux que j'avais faits dans les monastères ; mais combien il fut charmant pour moi, par les convives, et la gaieté qui l'assaisonnait! la femme du brave Caillet n'avait qu'un an moins que son mari ; mais elle avait conservé sa fraicheur, je dirais presque sa jeunesse ; et sans être des plus belles, elle avait la figure si agréable, qu'elle m'eût séduit, si elle n'eût été mariée, et si elle n'eût eu sa fille avec elle. Les traits de la fille et de la mère respiraient le bonheur et la paix. Mais la jeune Marie n'avait que dix-huit ans ; et quoiqu'un peu sérieuse, son teint avait tant d'éclat, ses yeux tant d'éloquence, sa bouche était si agréable, que sa vue seule m'inspira le plus violent amour ; et quand je l'eus entendue raisonner avec bon sens, et parler avec la plus aimable sagesse sur tous les sujets de notre conversation, j'avoue que je n'aurais pas donné cette pauvre paysanne pour toutes les impératrices de la terre.

Jacques Caillet s'aperçut bien vite de l'attention que je donnais à sa fille, et je crus remarquer qu'il ne s'en fâchait point. Dès-lors, je commençai de chercher à lui plaire ; j'y employai tous mes talens, et j'eus le bonheur de réussir.

A la fin du souper je fus chargé de raconter nos aventures ; je m'en acquittai de mon mieux, et je fus plusieurs fois sur le point de pleurer d'aise, en surprenant des larmes d'intérêt dans les beaux yeux de ma chère Marie.

Quand j'eus fini, toute cette bonne famille nous embrassa avec affection. — Je compte bien, nous dit Caillet, que vous n'éprouverez plus de pareilles misères.... Patience.... Laissons vivre notre seigneur actuel, il le mérite. Mais les excès auront un terme... En attendant, puisque je n'ai rien à vous conter, ma fille va vous chanter notre chanson de famille. C'est moi qui l'ai faite, et elle n'en est pas meilleure ; mais elle dit quelque chose..... C'est une grande preuve de confiance que je vous donne, en vous dévoilant ainsi tous mes sentimens.... Car enfin, tout innocente qu'elle est, ma chanson me ferait pendre..... Mais comme moi, vous abhorrez la tyrannie, et vous soupirez après le jour, qui viendra, je vous l'assure..... où les Français reprendront quelque liberté. Malheur aux seigneurs ! guerre à la tyrannie ! et mort aux tyrans ! nous sommes tous égaux devant Dieu. Soyons unis et ne soyons point faibles : les ambitieux n'oseront plus bouleverser l'ordre établi par Dieu même !.....

Après que nous eûmes applaudi, de tout notre pouvoir, à ces nobles sentimens, l'aimable Marie chanta ce qui suit :

CHANSON

De Jacques CAILLET (1)

ou

HYMNE A LA PATRIE.

O liberté ! mère des premiers Francs,
Viens et confonds nos superbes tyrans.

O ma patrie, ô malheureuse France,
Ce nom si beau, que prirent tes enfans,
Ce nom de Francs n'est plus qu'en souvenance !
Partout des serfs ! et cent mille tyrans !...
O mon pays, tu n'es donc plus la France ?...

O liberté ! mère de nos aïeux,
Viens consoler les Français malheureux.

---

(1) Cette Chanson paraîtra sans doute bien étonnante pour le siècle où elle a été faite ; mais l'héroïsme est de tous les temps. (*Voy.* l'original, dans les notes de la fin.)

L'Eternel dit à notre premier père :
« Je te fais roi des êtres d'ici bas.
» Règne et jouis ; les hôtes de la terre
» T'obéiront. » Mais Dieu ne lui dit pas :
« L'homme sera le tyran de son frère. »

O liberté! mère des premiers Francs,
Viens et confonds nos superbes tyrans.

Lorsque Satan de son orgueil coupable
Eut infecté les premiers des humains,
Le travail fut la part du misérable,
Et le plus fort, enchaînant ses voisins,
Fit de son frère un homme corvéable.

O liberté! mère de nos aïeux,
Viens consoler les Français malheureux.

La liberté, si long-temps étouffée,
Sut à la fin ranimer de grands cœurs.
On vit des serfs la foule méprisée
Exterminer ses lâches oppresseurs
Et respirer sur sa chaîne brisée.

O liberté! mère des premiers Francs,
Viens et confonds nos superbes tyrans.

O ma patrie! ô malheureuse France,
Ce nom si beau, que prirent tes enfans,
Ce nom de Francs n'est plus qu'en souvenance

Partout des serfs ! et cent mille tyrans !...
O mon pays, tu n'es donc plus la France ?...

O liberté, mère de nos aïeux,
Viens consoler les Français malheureux.....

Après ce couplet, la belle chanteuse se tut, et Jacques Caillet, se levant et se découvrant la tête, chanta les vers suivans, sur le même air :

O France ! ô France ! ô ma triste patrie !
Le jour approche où des bras généreux
Releveront ta liberté flétrie ;
Tu songeras à tes nobles aïeux :
Tu reprendras ta gloire évanouie.

O liberté ! mère des premiers Francs,
Viens et confonds nos superbes tyrans.

Chacun répéta ces vers avec enthousiasme ; et moi, tout fier de montrer à Marie et à ses parens ce que je pouvais faire, je me hasardai à chanter ce couplet, que je préparai à la hâte, pendant que le brave Caillet chantait le sien :

Brise tes fers, ô triste et noble France !
La liberté sur ton sol malheureux
Ramènera la gloire et l'abondance.
O liberté ! mère de nos aïeux,
Trois fois salut ! viens consoler la France.

O liberté ! mère de nos aïeux,
Viens consoler les Français malheureux !

Pendant que le père Augustin, Marie et sa mère répétaient la fin de mon couplet, Jacques Caillet se précipita sur moi, me serra dans ses bras : — O mon ami, me dit-il, tu seras mon gendre !...
Ces paroles me surprirent si brusquement, et me causèrent une telle émotion, que je pouvais à peine trouver quelques termes à balbutier pour exprimer ma vive reconnaissance, quand la mère de ma chère Marie, qui s'occupait plus d'embrasser sa fille que d'admirer les transports de son époux,

me tira par le bras : — Convenez, me dit-elle, que Marie chante comme un ange, *et que Sainte-Cécile n'aurait pas fait mieux.*

— Oh! sûrement, m'écriai-je..... — Mais il ne s'agit pas de cela, interrompit Jacques Caillet. Je vous parle de la liberté de notre belle patrie : l'aiderez-vous dans les efforts qu'elle va faire pour secouer son joug? — De tout mon pouvoir, lui dis-je.... — Eh bien! dans dix ans, je compte sur vous. — Quoi!..... dans dix ans?..... — Oui. Les excès sont grands! le despotisme des seigneurs est bientôt à son dernier période. Jamais les serfs n'ont été plus malheureux. La misère est extrême; mais la mesure n'est pas encore comblée. Dans dix ans on ne cherchera plus à être seigneur!.... En attendant, je veux me donner un appui dans un gendre. Ma fille, je veux te marier. Mes enfans, consultez vos cœurs.

En disant ces mots, Jacques Caillet emmena sa femme et le père Augustin. Il me laissa seul avec la charmante Marie. J'exprimerais difficilement le trouble que j'éprouvai en me voyant en tête à tête avec mon aimable amie. J'osai enfin lui avouer tout l'amour qu'elle m'inspirait. Je surmontai sa modestie ; elle m'apprit que je ne lui déplaisais point ; que j'avais touché son cœur. Cette assurance me combla de joie, et j'extravaguais de bonheur et d'amour, quand mon futur beau-père reparut.

— Eh bien ! nous dit-il, serai-je votre père à tous deux ?.... — Je me jetai à ses genoux, pour lui parler encore de reconnaissance..... — Embrasse ta femme, me dit-il ; dans huit jour vous serez mariés. Vive S.-Jacques ! vous êtes bien heureux de vivre sous un seigneur qui ne vous prendra pas le droit de cuissage !....

Pendant ces paroles, j'avais donné à ma belle amante, et j'avais reçu d'elle le premier baiser d'amour. La mère de Marie et le père Augustin rentrèrent. J'embrassai celle qui allait devenir ma mère ; le bon père Augustin nous bénit, en laissant tomber quelques larmes de joie, et il fallut nous séparer.

Dès le lendemain nous commençâmes les préparatifs d'un mariage qui me promettait le bonheur. J'étais sns cesse auprès de ma chère Marie ; et nous étions à la veille d'être époux, lorsque le plus triste incident vint troubler ces momens d'espérance et d'amour.

CHAPITRE XIII.

Changement de seigneur. Mariage de Marcel et de Marie. Encore le droit de cuissage. (1)

Il y avait un mois que le seigneur de Frocourt avait reçu la visite d'un petit seigneur voisin, vassal comme lui d'un même suzerain, mais tenant un fief bien moins considérable que celui de Frocourt. Cet autre seigneur admira

---

(1) La fin de ce chapitre paraîtra un peu romanesque. Je l'ai traduite aussi exactement que le reste; je la donne dans tout le désordre de l'original, pour qu'on ne me soupçonne pas de l'avoir ornée; et j'avoue que pour moi, quoique j'aie lu dans quelques romans des aventures comme celle-là, je la vois très-pos-

beaucoup la seigneurie où nous vivions, la propreté des chaumières, l'air satisfait des paysans, et le bon ordre qui se faisait remarquer partout. Comme il n'avait qu'un petit fief, et qu'il en voulait tirer de bonnes sommes, son village était loin d'avoir la même apparence.

Cette comparaison alluma une basse envie dans son cœur. — Je suis moins riche et plus mal partagé que vous, dit-il au seigneur de Frocourt ; mais vous êtes plus pauvre que je ne le serais à votre place. Vous laissez trop d'aisance à vos serfs, quand vous pourriez très-bien profiter de leur superflu. Une seigneurie si bien tenue, j'ap-

---

sible, très-vraisemblable, parce qu'elle est naturelle. Je m'étonne seulement qu'après avoir commis le crime de félonie envers son seigneur, Marcel n'en soit pas plus long-temps effrayé ; il fallait qu'il comptât bien sur la discrétion de sa dame.

prouverais cela si elle était à vous. Mais *vous faites de la louillie pour les chats* (1); car enfin rien ici ne vous appartient.

— Vous vous trompez, répondit le seigneur de Frocourt. Cette seigneurie appartient depuis long-temps à ma famille. Mon père en fut dépossédé par une perfidie. Depuis qu'on me l'a rendue, j'ai mis tous mes soins à me faire aimer de mes serfs, et ils me défendront, si on cherche à m'en dépouiller aussi. Quand j'ai prêté hommage à mon suzerain, et que je paie mes redevances, on ne peut rien me demander de plus.

Ce discours fut cause de sa perte et de nos nouveaux malheurs. Le seigneur voisin, qui se nommait Jérôme de Vesses (2), dénonça au suzerain

---

(1) *Pultem felibus decoquis...*

(2) *Hieronymus à Vessiis*. Je ne sais pas s'il faut traduire *Jérôme de Vesses* ou *Jérôme des Vesses*, ou *Jérôme des Vessies*.

les propos du seigneur de Frocourt, et l'accusa d'avoir désavoué son seigneur dominant, et déclaré qu'il ne relevait de personne. D'autres vassaux qui n'approuvaient point la conduite du seigneur de Frocourt, et qui étaient ses ennemis secrets, déposèrent contre lui dans le même sens, et, suivant les coutumes, le suzérain confisqua de nouveau la seigneurie.

Un soir, donc, que le seigneur de Frocourt ne s'attendait à rien de semblable, trente estafiers du suzerain arrivèrent; et, lui notifiant la confiscation de son fief, ils lui lièrent les mains derrière le dos, le placèrent sur un cheval, et l'emmenèrent à Beauvais, sans lui donner le temps d'embrasser sa femme, sans même lui permettre de s'habiller pour la route qu'il devait faire.

Nous apprîmes, au bout de quelques instans, qu'on nous enlevait notre seigneur. La plupart des paysans coururent à la poursuite de ses ravisseurs; mais il fut impossible de les atteindre. Dès-lors la désolation dans le village fut universelle. Nous nous rendîmes tous à la seigneurie pour supplier la dame de Frocourt de ne point nous quitter, pour lui jurer que nous voulions tous la défendre. Elle nous engagea de changer de résolution, d'attendre le jugement de son mari, et de nous soumettre, dans tous les cas, au seigneur qu'on allait probablement nous envoyer. Elle partit le lendemain matin pour rejoindre son époux, et nous laissa en proie à la douleur et aux plus tristes inquiétudes.

Je n'avais plus que deux jours à attendre pour être l'époux de l'aimable Marie; mais les coutumes ne permettant point aux vilains de se marier, ni de faire aucun contrat lorsque la seigneurie est vacante, il nous fallut attendre l'arrivée du nouveau seigneur ; et dès-lors l'espoir de ne point subir le droit de cuissage nous fut presque ravi, puisqu'il était extrêmement rare de trouver un noble, tant vieux fût-il, qui négligeât ce privilége.

Je n'étais pourtant pas résolu de m'y soumettre. Marie se désolait; Jacques Caillet conservait seul sa fermeté. — Les seigneurs sont bien luxurieux, me dit-il; mais ils sont encore plus avares, Espérons que celui qu'on va nous donner voudra bien te vendre son droit; et il vaut encore mieux se gêner et s'appauvrir, que se laisser déshonorer. Car quoique nos curés et nos moines nous prêchent le droit du seigneur comme une chose légitime, nous savons bien qu'elle est avilissante, puisque ceux qui veulent nous y assujétir ne consentiraient pas de bon cœur à s'y voir soumis.

Le nouveau seigneur arriva quatre

jours après le départ de l'autre. C'était Jérôme de Vesses.... Le suzerain n'avait rien trouvé de plus simple que de mettre le dénonciateur à la place du dénoncé, pour récompenser sa noble conduite.

Jérôme de Vesses, maintenant seigneur de Frocourt, avait cinquante-cinq ans; et les excès de sa jeunesse l'avaient rendu incapable de rien faire en amour (1). Il avait épousé Hodéaldis de Maignelais, qui, plus jeune que lui de vingt-deux ans, pouvait suffire à ses transports amoureux. Néanmoins, il ne voulait aucunement renoncer au droit de passer les trois premières

---

(1) Nos pères bravaient un peu les mots, surtout dans le latin, comme on peut le voir dans les plus saints ouvrages du moyen âge. L'original porte ici : *luxuriosus in juvenilibus annis, adeò genitalibus debilis effectus erat, ut cum fœmina copulare nullo modo posset.*

nuits avec les jeunes épouses de ses vilains. Nous sentions tous qu'à la place d'un maître qui nous était cher, nous en avions un qui serait bientôt abhorré ; mais il fallut nous soumettre, cacher nos regrets et nos craintes, et jurer d'être fidèles.

Lorsqu'il apprit que je m'allais marier, Jérôme de Vesses me fit dire de lui conduire ma femme ; et dès qu'il la vit : — Marie-toi, me dit-il, je te le permets ce soir même, car ta future me plaît, et je compte sur trois bonnes nuits. — Monseigneur, répondis-je, vous savez que les coutumes, en accordant au seigneur le droit de cuissage sur les jeunes serves, permettent aussi aux vilains de racheter leurs nuits ; c'est ce que je voulais vous demander....

Jérôme de Vesses, dans son autre petite seigneurie, avait tellement tenu ses paysans dans la misère, qu'ils n'avaient jamais eu l'idée de pouvoir payer l'exemption du droit du seigneur. Il fut donc étonné de ma demande. — Il paraît que vous êtes riches ici, me dit-il, et qu'on vous a laissé amasser du bien. Tant mieux! j'en profiterai.... Pour toi, je te céderai mes droits, si tu peux me payer deux livres d'argent au poids, dix boisseaux de blé, double taille et doubles redevances, dans la première année de ton mariage, et si tu consens à faire pendant les trois premières nuits tout ce que je te dirai.

Ces conditions étaient bien onéreuses; mais Jacques Caillet m'avait recommandé de les accepter, quelle qu'en fût la rigueur. Je répliquai que je me soumettais. Le curé nous maria; et immédiatement après, il fallut payer les dix boisseaux et la somme exigée.

— Maintenant, me dit le seigneur, je veux, pour cette première nuit, que tu te mettes nu, que tu sautes trois cents fois par-dessus ce bois de cerf ; que tu avales trois pintes d'eau, et que tu attendes le matin, couché devant la porte de ta femme, sans lui dire un mot....

Je trouvai moins de honte et moins de peines à faire toutes ces choses qu'à voir ma bonne Marie dans les bras d'un vieux brigand. Je sautai trois cents fois, je bus les trois pintes d'eau ; et je tombai, à moitié mort de fatigue, devant la porte de ma femme, à qui on n'avait pas recommandé le silence, et qui s'efforçait de me donner des consolations par le trou du verrou et de ranimer mon courage. J'avais repris quelque force quand le jour parut. Deux hommes d'armes, qui m'avaient surveillé jusqu'alors, me conduisirent à la seigneurie, où j'attendis le lever du seigneur de Vesses.

J'ai appris quelque chose de Jacques Caillet, ton beau-père, me dit-il, en me voyant, c'est un drôle d'homme. En sa considération, je veux bien alléger tes redevances : tu passeras cette journée à monter la garde dans la cour de mon château, pendant que j'irai à la chasse. — Voilà qui va bien, me dis-je ! je serai bientôt, sans doute, dans les bras de ma bien-aimée, et j'aurai ses prémices!....

Madame Hodéaldis, qui m'avait vu sauter la veille, car de pareilles choses sont toujours un spectacle, et qui s'intéressait à moi, parce qu'en sautant je lui conservais la santé de son mari, madame Hodéaldis me consola encore en me restaurant d'un bon dîner. Le père Augustin vint aussi me donner du cœur ; il m'annonça que Marie prenait part à mes peines, et que Jacques Caillet n'osait pas se montrer, pour ne pas se mettre en colère ; mais que je pouvais compter de ne point passer par le droit de cuissage.

Jérôme de Vesses étant revenu de

sa chasse : — Pour cette seconde nuit, me dit-il, je t'ordonne seulement de prendre ta femme sur tes épaules, de la porter ainsi, d'un bout à l'autre du village, de la remettre à sa porte, et de te coucher dans sa chambre, mais sans approcher son lit....

Ces conditions me parurent si douces, que j'en donnai des bénédictions à Monseigneur. Je me chargeai de ma femme avec un plaisir inexprimable : je remplis ma course avec délices, quoiqu'avec fatigues ; et lorsque Marie fut au lit, deux hommes d'armes de la seigneurie m'introduisirent dans sa petite chambre, où elle avait reçu l'ordre de tenir une lampe allumée et d'étendre une botte de paille. On me fit signe de m'y coucher, mais sans dire un mot, pour ne pas perdre le mérite de ma nuit. Je sentis bientôt que les conditions qu'on m'avait imposées étaient aussi cruelles que d'abord je les avais trouvées douces. Je n'étais séparé que d'une toise du lit de ma bonne amie ; elle était à moi, j'en étais aimé ; j'avais sur elle les droits de l'amour et du mariage, et je ne pouvais la presser dans mes bras, lui dire une seule parole !.... Deux satellites d'un tyran veillaient à mes côtés..... Toute mon indignation se réveilla contre le despotisme de ces monstres qui se disent nos seigneurs. Qui leur avait donné des droits sur l'amour même ?.... Quel bonheur trouvaient-ils à mes tourmens ?..... Le bonheur du tigre, qui fait souffrir sa proie pour la voir souffrir....

Au milieu de ces réflexions, je jetais sans cesse les yeux sur Marie, comme sur un trésor qu'on voulait me ravir puisqu'on m'empêchait de le toucher. Souvent aussi elle levait la tête, et me disait par ses regards que je ne souffrais pas seul. Je vis quelques larmes s'échapper de ses beaux yeux..... Alors je ne fus plus maître de moi-même, je m'élançai vers elle, je pris sur sa bouche le baiser le plus tendre.—O ma bonne amie! m'écriai-je, on ne nous séparera pas plus long-temps!....

Mais, ô désespoir! ô misère du faible! au moment où j'oubliais mon tyran et ma servitude, nos deux gardiens m'avaient saisi, mes mains étaient garrottées ; on me traîna dans la prison du château, où je passai le reste de la nuit......

— A la bonne heure, me dit le lendemain Jérôme de Vesses. Je me livrais à de mortels regrets de t'avoir vendu les prémices de ta femme. Tu n'as pas su les mériter. Marie est belle et me plaît. Tout ce que tu as fait est nul. Je garde ce que tu as payé, pour les deux nuits passées. Ce soir, je prends mon droit de cuissage. Demain, tu auras ce que je te laisserai (1). Jusques-là, reste ici.....

Ces affreuses paroles me firent tomber dans une espèce de frénésie. Les blasphêmes et les plus horribles malédictions sortirent de ma bouche contre Jérôme de Vesses ; et c'était fait de moi, si j'eusse été entendu. Mais le despote s'était éloigné, en tirant sur lui le verrou de ma prison, et je pouvais me désoler sans contrainte.

Je ne fus distrait de ma douleur que par l'apparition subite de mon beau-père. Il avait obtenu la permission de m'apporter lui-même mon diner. — Prends courage, me dit-il, et souviens-toi de ce que je t'ai promis. Je connais, à une lieue de ce village, un magicien, ou si tu veux, un charla-

---

(1) L'original est encore moins délicat : *cras reliquiis meis apud Mariam frui poteris.... usque ad hoc huc adhuc manebis.*

tan, qui a d'assez grands talens pour nous tirer de peine. Je vais le trouver; et si ce moyen ne réussit pas, nous en aurons d'autres. — Quels moyens, lui dis-je, effrayé du ton dont il prononçait ces paroles?—Ma hache, répondit-il!... N'a-t-on pas le droit naturel de tuer un voleur?.... Nous fuirons ensuite s'il le faut.—Ah! rappelez-vous, lui dis-je, tous les maux que nous a faits la mort d'un seigneur; il était cependant tué en bonne guerre.....— J'ai songé à tout, reprit-il, et je vais d'abord employer les ressources les moins périlleuses. Mais patience! le jour de la vengeance n'est pas si loin!....

Caillet me quitta alors, en m'exhortant à dîner sans inquiétude; et ce qu'il m'avait dit les avait redoublées.

Pendant que je tremblais, non plus seulement pour les prémices de ma femme, mais pour elle et pour sa famille, Caillet alla trouver le magicien ; avec un peu d'argent il l'amena bien vîte à Frocourt. Cet habile homme trouva le moyen de s'introduire avec mon beau-père dans le château, et de se présenter devant la dame, en l'absence du mari.

— « Madame, lui dit-il, je suis troubadour, et de plus magicien ; et ce qui sûrement me gagnera votre confiance, c'est que les esprits de ténèbres ne sont pour rien dans mes enchantemens. A force de recherches et de travaux scientifiques, j'ai su trouver l'art de conjurer les génies qui habitent les plaines du ciel, qui président aux planètes et aux constellations ; ils me développent les secrets de l'obscur avenir, et me font connaître les choses les plus cachées. Je vous prie donc de ne pas me confondre avec ces sorciers exécrables, que les juges ecclésiastiques poursuivent avec tant de soin ;

ceux-là travaillent sous les yeux du diable et de ses anges ; leur pouvoir ne consiste qu'à bouleverser les élémens, à maléficier les hommes, à tuer les animaux par les charmes de l'enfer, à ensorceler les champs et les vignes, et à causer mille autres maux. Moi, au contraire, sous l'influence de ces génies que Dieu a constitués les gardiens, les protecteurs, les amis de l'homme, je rétablis la paix et l'abondance par d'heureux prodiges, je me signale par les seuls bienfaits.

» Dans ma dernière opération magique, j'ai appris, Madame, que vos vertus vous avaient mérité du destin la seigneurie de Frocourt, seigneurie que votre époux n'eût point obtenue, si vous n'eussiez été sa femme. J'ai appris encore que votre vie serait longue ; que vous seriez heureuse ; mais que, depuis quelques années, vous aviez des chagrins et de grands soucis.

Le droit de cuissage, auquel les seigneurs consument leur temps et leurs forces, est une injustice, une fraude qu'ils font à leurs femmes. Vous êtes jeune et belle, Madame ; les soins tout entiers d'un jeune époux seraient à peine la digne récompense de votre tendresse ; et votre vieux mari porte ailleurs un bien que le mariage vous a donné. Ce soir, encore, il doit passer la nuit avec une jeune paysanne. Je le savais ; je suis allé chez cet homme, qui m'a confirmé dans mes divinations et m'a conduit ici. Je viens, Madame, au nom du génie que le destin vous a donné pour patron, vous apporter des conseils et un remède salutaire.

» Ce soir, au commencement de la nuit, avant l'heure où votre mari entrera dans la chambre de la jeune épouse, ayez soin de vous y rendre vous-même sans être vue. Le père de Marie vous aidera dans ce mystère, et vous y recevrez les caresses conjugales, avec d'autant plus de plaisir qu'on croira les donner à une autre. Mais auparavant, voici une bouteille de liqueur excitante, composée sous l'influence de votre planète ; vous en ferez boire une cuillerée à votre époux, deux heures avant la nuit, tant pour cette fois, que pour tous les jours où il vous plaira de prendre ainsi la place des jeunes paysannes. Vous pourrez même en faire usage les nuits ordinaires ; mais n'oubliez pas, tandis que le seigneur de Frocourt boira cette eau dans du vin ou dans toute autre liqueur, de réciter tout bas ces vers :

Que l'époux soit sensible aux feux de son épouse,
Et s'il veut se ravir à mon ardeur jalouse,
Qu'il m'offre encor l'encens qu'il croit porter ailleurs ;
Torcuna, Vilmerga, Lornima sont mes sœurs.

» Si vous vous trouvez bien, Madame, des remèdes que je vous présente, et des conseils que je vous transmets, je vous offre mes services pour l'avenir. »

Madame Hodéaldis, qui avait écouté le magicien sans l'interrompre, et qui s'était contentée de rougir un peu pendant son discours, le pria de répéter les vers qu'il venait de dire, jusqu'à ce qu'elle les sût entièrement. Alors elle lui donna une pièce d'or pour les peines de son voyage, et le pria de venir la revoir une fois par mois. Elle plaça ensuite sa bouteille dans un lieu secret, et se disposa à suivre les conseils du magicien.

Pendant que Jacques Caillet et celui dont il avait imploré le secours se retiraient, le bon père Augustin se donnait pour moi toutes les peines que son âge lui permettait de prendre encore. Il était allé trouver le curé de Frocourt; et le voyant peu disposé à s'opposer aux intentions du seigneur,
— Considérez, lui avait-il dit, que

vous souffrez dans votre paroisse l'adultère perpétuel. Dieu et ses Saints n'ont jamais approuvé ces droits abominables que les seigneurs s'arrogent sur toutes les jeunes femmes.

— Cela se peut, répondit le curé; mais je ne veux pas déplaire à mon seigneur, qui me confisquerait le quart de mes dîmes, s'il ne faisait pas pis.

— Eh! sans lui déplaire, ajouta le père Augustin, ne pouvez-vous pas toucher son cœur par de saints conseils? Votre intérêt même vous y engage; car tous les serfs, à qui vous saurez conserver ainsi leurs femmes intactes, vous béniront et ne négligeront rien pour vous en témoigner leur reconnaissance….. Il accompagna ces paroles d'un petit présent de quelques pièces d'argent qui lui restaient encore, et qu'il offrit en mon nom.

Le curé, persuadé par cette autre éloquence, prit sur-le-champ mes intérêts, s'enflamma d'un saint zèle, et alla trouver le seigneur de Frocourt, qu'il rencontra venant à la maison de mon beau-père, parce que la nuit était proche.

De son côté, la dame de Frocourt s'était rendue, par un autre chemin, dans la chambre de Marie. Celle-ci, qu'on avait informée de tout ce qui se préparait, baisa la main de sa dame, en lui faisant mille actions de grâces de sa généreuse démarche; et pendant que madame Hodéaldis se couchait dans le lit de Marie, mon beau-père enferma sa femme et sa fille dans la chambre voisine, et s'en alla attendre la fin de toutes ces choses, chez un oncle qu'il avait à l'autre bout du village.

Peu de temps après, le seigneur et le curé de Frocourt arrivèrent, avec le père Augustin, à la porte de Marie; ils ne savaient aucunement ce qui se préparait; et le bon père Augustin se serait épargné bien des peines, si on l'en eût instruit. Le curé n'avait point perdu le temps à ennuyer son seigneur de froids conseils; il avait mieux aimé parler à son imagination. — Monseigneur, lui disait-il, j'ai eu cette nuit une vision qui vous concerne; votre bonheur, votre vie, votre fortune, s'y rattachent. Saint Gengulus et sainte Victoire m'ont apparu. Après m'avoir donné leur bénédiction, ils m'ont parlé de vous; ils m'ont appris qu'ils étaient vos protecteurs, parce que vous les aviez souvent honorés; mais que votre conduite les indignait, quoiqu'ils prissent souvent votre défense. Apprenez, Monseigneur, que plusieurs gentilshommes comme vous ont été emportés par le diable, sans que depuis on ait entendu parler d'eux, parce qu'ils vivaient dans une luxure trop débordée. Vous avez si souvent pris le droit de cuissage, au détriment de la foi que vous devez à votre épouse, que vingt fois déjà le diable s'est tenu prêt à vous enlever, comme autrefois le comte de Macon (1) et tant d'autres. Heureusement vous avez de bons patrons qui s'y sont opposés. Mais ce soir on sait que vous allez prendre les prémices d'une jeune femme qui n'est point à vous, après avoir promis de n'en rien faire; et voici ce que je suis chargé de vous dire : « Si vous passez » l'heure que vous vous êtes proposée » avec la fille de Caillet, demain vous

---

(1) Pierre le Vénérable dit qu'un certain comte de Macon opprimant les ecclésiastiques, pillant les monastères, chassant les chanoines de leurs chapitres, et les moines de leurs couvens, fut à la fin emporté par le diable, vers le douzième siècle, à la vue de sa noblesse et de ses sujets. (*Le Diable peint par lui-même,* chap. XIII. *De ceux qui ont eu le cou tordu par le diable, etc.*)

» ne serez plus du monde. Si vous
» avez assez de courage pour résister
» à la tentation de Satan, qui vous
» pousse à votre perte, vous jouirez
» dorénavant d'une santé florissante,
» d'une heureuse vieillesse; vous trou-
» verez mille plaisirs dans les bras de
» votre épouse, qui est entre nous
» plus belle que toutes les filles de
» vos serfs; et vous aurez un enfant,
» que vous désirez depuis tant d'an-
» nées, avec une fortune toujours
» prospère..... »

Le Seigeur Jérôme de Vesses avait donné une grande attention à ce discours, et il réfléchissait profondément aux maux dont on le menaçait d'un côté, aux biens qu'on lui promettait de l'autre ; car il ne doutait pas le moins du monde de tout ce que lui disait le curé.

Enfin, il prit une résolution généreuse ; il m'envoya chercher dans ma prison : — Je te pardonne, me dit-il, et je te cède gratuitement les prémices de ta femme; elle t'attend dans sa chambre : va..... Je me confondis en remercîmens, tant envers le seigneur qu'envers le curé et le père Augustin, que je jugeais bien pour quelque chose dans tout cela; et j'entrai dans la chambre de Marie, pendant que le seigneur s'en retournait, en se faisant répéter la vision du curé et les espérances qu'il lui donnait.

Je m'approchai du lit de ma femme en lui adressant d'une voix basse, et tremblant toujours de la perdre, les paroles les plus tendres et les protestations les plus amoureuses. La chambre n'était point éclairée, parce que, selon l'usage observé pour la réception du seigneur, on avait éteint la lampe. Comme on ne me répondait que par quelques soupirs, je donnai un baiser qu'on me rendit avec une sorte de transport. Je fus bientôt au lit. Je ne peindrai point le bonheur dont je m'enivrai à longs traits. Je remarquais bien qu'il était partagé, et je ne m'étonnais que d'une chose, c'est qu'on ne me parlait point. —Mais c'est peut-être l'usage, me disais-je ; une jeune fille, dans une première occasion comme celle-ci, doit être naturellement interdite...

Au bout d'une heure d'ivresse, j'entendis frapper à la porte. J'allai ouvrir en tremblant. — Ah ! malheureux, me dit tout bas Jacques Caillet, tu es couché avec la femme de ton seigneur. Le père Augustin vient de m'apprendre des choses qui m'ont fait deviner toutes ces méprises..... J'ai bien mal pensé de ne pas le mettre dans notre secret !....

Ces paroles m'inondèrent d'une sueur froide. J'étais coupable de félonie au premier chef. J'entrai avec mon beau-père dans la chambre où

Marie et sa mère étaient couchées dans le même lit. Elles demandèrent ce que nous avions qui nous agitait. Caillet ne jugea pas à propos de les en instruire. Il prit la lampe, et nous rentrâmes dans la chambre où je venais de passer de si doux instans. Il n'y avait plus personne. Madame Hodéaldis avait profité du moment pour aller rejoindre son noble époux.....

Caillet me développa comment s'était préparé tout ce mystère. — Mais surtout, ajouta-t-il, n'en disons rien à ta femme, ni à la mienne, ni au père Augustin. De pareilles choses sont bonnes à taire. J'en suis bien aise moi, parce que tu as rendu au seigneur ce qu'il donne à tant d'autres. Sois tranquille aussi là-dessus, il n'y a que toi, madame Hodéaldis et moi, qui sachions l'affaire; le secret sera bien gardé.....

Après ces mots, il annonça à sa

femme et à sa fille que tout s'était bien passé ; que nous n'avions plus à redouter de droits de cuissage, et que j'étais libre. Il ordonna à sa fille de se lever ; elle passa avec moi dans sa chambre ; et après nous être raconté nos craintes et nos inquiétudes, nous devînmes tout-à-fait époux.....

De ce moment, au sein de la plus tendre, de la plus aimable des femmes, auprès du brave Caillet, dont les qualités étaient telles que je n'avais jamais espéré de trouver un aussi grand caractère, auprès d'une belle-mère pleine de bonté et des plus douces vertus, auprès du père Augustin, dont la santé était toujours bonne, et dont la belle âme nous enseignait à tous la vertu, je fus heureux, si on peut l'être loin de la liberté.

TROISIÈME PARTIE.

CHAPITRE XIV.

Les missionnaires. Le blasphémateur. L'épreuve de l'eau. Jugement du père Augustin. Excommunication du seigneur de Frocourt. Suites de cet anathème.

— Pour nous qui ne sommes point nobles, me disait le père Augustin, la vie n'est qu'un long tissu de maux. Si nous pouvons entrevoir quelquefois le bonheur, hâtons-nous de jouir de ces courts instans, puisqu'ils ne semblent pas faits pour nous, et que nos seigneurs sauraient bien nous rendre misérables, s'ils se doutaient que nous goûtons quelque repos qui puisse nous donner du cœur. Ma vieillesse est plus longue que je ne l'aurais jamais attendu, après tous les maux qui ont pesé sur moi ; mais j'espère mourir dans la paix la plus douce, si je vous vois toujours heureux.

Nous l'étions en effet, mais par l'union de nos cœurs, par la franchise de Caillet, par la douce gaieté de sa femme, par les aimables vertus de ma chère Marie, par notre amour, et par les sages discours du bon père Augustin. Nous étions soumis aux dîmes, à de grosses redevances, à plusieurs droits onéreux; nous les supportions sans nous plaindre, parce que nous travaillions tous. La dame de Frocourt avait été discrète sur son aventure, et personne ne l'avait soupçonnée. Le seigneur, plein d'estime pour mon beau-père, dont on lui avait peint le caractère et le cœur, lui avait laissé le droit de chasser une fois par semaine. Caillet ne l'en aimait pas plus, parce que tous les autres serfs de la seigneurie gémissaient sous la plus dure tyrannie féodale; que la pauvreté régnait dans tout le reste du village; que la misère et les terreurs superstitieuses produisaient tous les ans une foule de sorciers qu'on brûlait, de voleurs qu'on mettait, pour un œuf de pigeon dérobé, à la potence ou aux tortures.

Mais à nous la vie était supportable; et si nous eussions pu nous faire à l'égoïsme et renoncer à la liberté, je le répète, nous étions heureux.

Dix mois après notre mariage, ma femme m'avait donné un fils : quelques semaines auparavant, madame Hodéaldis était accouchée d'une fille. Si cet événement avait causé une grande joie à monseigneur, la naissance de mon fils ne m'avait pas moins transporté d'ivresse. Mon attachement pour lui redoublait de jour en jour, en voyant son corps et son esprit se développer ensemble aussi heureusement que je pouvais le désirer. Le père Augustin le bénissait tous les soirs, et attirait sur lui les grâces et les faveurs du ciel. Jacques Caillet, sa femme et ma bonne Marie partageaient mes jouissances; et quand nous avions fait nos corvées, payé nos redevances, rempli nos devoirs de serfs, je m'efforçais d'oublier pendant quelques heures que j'avais un maître.

Mais Jacques Caillet se plaignait que les choses n'allassent pas plus mal. — Dans les seigneuries voisines, disait-il, les violences, les atrocités, les abominations d'un côté, la misère et le désespoir de l'autre, sont au comble. On est partout disposé à la révolte. Ici les maux sont grands; mais comme en travaillant la nuit et le jour, en se dépouillant de tout le fruit de leurs travaux, en ne vivant que de pain et de fruits sauvages, les serfs peuvent encore satisfaire leurs seigneurs, nos concitoyens aimeront mieux souffrir de pareils maux que de prendre les armes pour reconquérir leur liberté. Il est vrai que la justice du seigneur Jérôme va toujours en avant; que ses fourches patibulaires ne cessent d'être garnies; que ses instrumens de tortures ne se rouillent point; qu'il y a des malheureux dans ses cachots; que son bourreau est l'homme le plus occupé de la seigneurie..... Espérons donc que la liberté va renaître. Car, je vous le répète, c'est quand la tyrannie s'élève à un point trop effrayant, qu'il est facile de l'abattre. Nous nous croyons heureux, parce que nous vivons : nous ne le serons qu'en devenant libres.

Alors il chantait sa chanson patriotique, et nous la répétions après lui.

Cependant il y avait onze ans que j'étais marié, et notre situation n'était point changée. Je goûtais la joie la plus pure à développer le caractère de mon fils, dont le père Augustin dirigeait déjà l'éducation, lorsqu'une aventure, trop commune en France, vint nous replonger dans le deuil.

Quatre missionnaires de Beauvais, chargés par leur évêque de vendre des indulgences et des pardons, de distribuer des pénitences, d'exiger des pécheurs connus une amende honorable et des peines publiques, et de prêcher les pélerinages, arrivèrent un soir à Frocourt.

Dès le lendemain, ces inquisiteurs s'informèrent de tout ce qui se passait dans le village. Douze archers qui leur servaient d'escorte, et qui exécutaient leurs sentences, leur amenèrent un jeune serf qui avait blasphémé le nom de je ne sais quel saint. Le plus vieux des missionnaires le condamna à avoir la langue percée d'un fer chaud, s'il n'aimait mieux venir en chemise, la corde au cou, faire réparation d'honneur à la porte de l'église, être ensuite fouetté d'un bout à l'autre de la seigneurie, et subir la même peine, tous les dimanches, pendant l'espace de trois mois. Le jeune serf choisit cette dernière pénitence, quoique la plus longue et la plus compliquée, parce qu'au reste il comptait bien n'être pas estropié; mais on le fustigea si rudement, qu'il en porte encore les traces.

On amena, après le blasphémateur, un vieux paysan et sa femme, qu'on accusait de sorcellerie, sans pouvoir en donner aucune preuve. A la suite d'une foule d'interrogatoires et de tortures, qui n'aboutirent à rien, les inquisiteurs déclarèrent qu'il fallait s'en rapporter, sur le compte de ces deux sorciers, au jugement de Dieu, et les faire passer par l'épreuve de l'eau.

Il y avait devant l'église un grand trou plein d'eau morte, qui avait servi long-temps, disait-on, à ces sortes d'expériences. On la bénit, et on y jeta le paysan et sa femme, après les avoir mis nus et leur avoir lié fortement la main droite au pied gauche, et la main gauche au pied droit. Le sorcier, qui était maigre, tomba au fond de l'eau, du moment qu'on l'y plongea; mais sa femme, qui avait beaucoup de graisse, surnagea et ne s'enfonça point.

Ce prodige parut décisif, on chanta le *Te Deum* autour du trou, ensuite on retira les deux sorciers. L'eau qui était bénite avait reçu dans son sein le mari : donc il était innocent ; mais on le retira mort, et on l'enterra dans le cimetière.

La femme avait surnagé; l'eau consacrée la rejetait avec une sorte d'horreur : donc elle était sorcière et possédée du diable. On la retira vivante; mais elle fut brûlée, et ses cendres jetées au vent.

Le père Augustin ayant entendu ces sentences, se retira en versant des larmes de douleur, et ne voulut plus retourner à l'église où nous avions l'ordre exprès de nous trouver tous.

Alors le plus jeune des missionnaires fit un sermon sur les crimes qui souillaient la seigneurie de Frocourt et les seigneuries voisines; il montra, d'un bout à l'autre, les démons prêts à saisir leur proie, un jugement dernier, prochain et terrible pour nous tous, un enfer épouvantable, et une éternité de peines horribles, après toutes les peines de ce monde. Tous les serfs, à qui l'on apprenait ainsi à craindre Dieu et non à l'aimer, à qui l'on représentait le père de tous les hommes comme un maître plus cruel encore que les seigneurs, tous les serfs se frappaient la poitrine et s'arrachaient les cheveux, en demandant ce qu'il fallait faire. — Vous allez le savoir, dit le prêtre qui parlait; et aussitôt un de ses confrères prit sa place.

Il nous engagea tous à faire les plus rudes pénitences, comme si la vie d'un malheureux vilain n'était pas une pénitence continuelle; il nous exhorta à nous recommander aux saints, à visiter les reliques, à faire des neuvaines et des pélerinages. Il entama ensuite l'histoire de la miraculeuse image de Notre-Dame de Liesse (1). Il nous raconta comment trois chevaliers picards, ayant été pris, pendant les croisades,

---

(1) *Nostra domina de Lœtitiâ :* Notre-Dame de Joie. — Notre-Dame de Liesse est à trois lieues de Laon, en Picardie.

par des Egyptiens, reçurent dans leur cachot la visite des saints anges, qui leur laissèrent une petite statue de la vierge Marie, laquelle statue jetait une grande lumière ; comment ils convertirent, au moyen de cette statue lumineuse, la fille du soudan d'Egypte ; comment ils sortirent avec cette princesse de la ville d'Ascalon ; comment un ange leur fit traverser la mer dans une barque qui s'évanouit immédiatement après la traversée ; comment s'étant endormis sur le rivage, ils furent transportés en un instant dans la Picardie ; et comment les trois chevaliers picards et la princesse d'Egypte bâtirent auprès de Laon une chapelle, où ils déposèrent la précieuse image qui les avait sauvés.

Depuis plus de deux cents ans, ajouta le prédicateur, cette miraculeuse image fait des prodiges toutes les semaines ; on y obtient la guérison de tous les maux ; on y gagne la rémission de toutes les fautes. Nous vous enjoignons à tous d'en faire le pélerinage avec la corde au cou ; il y aura deux mille jours d'indulgence pour les serfs, et quatre mille pour les seigneurs..... (Ces seigneurs pouvaient obtenir les mêmes indulgences pour leur argent, s'ils aimaient mieux débourser, que faire le voyage.)

Le seigneur de Frocourt, qui s'était endormi au milieu de ce prône, se réveilla en sursaut à la conclusion. Elle lui déplut à un tel point, qu'il sortit tout courroucé, et demanda à parler au père Augustin, qu'il avait pris l'habitude de voir souvent, pour qui il avait conçu la plus profonde estime, et près de qui il adoucissait un peu son caractère naturellement dur et inflexible.

— Mon père, lui dit-il, j'en croirai

plus à vos conseils et à votre vieille sagesse, qu'aux déclamations de ces moines ambulans, dont je ne connais ni la mission ni l'autorité. Ils m'ont déjà fait brûler, sous prétexte de sorcellerie, deux serfs qui me payaient bien mes droits; et à présent, si on veut leur obéir, toute la seigneurie va faire le pélerinage de notre Dame-de-Liesse, avec la corde au cou. Outre que ce voyage fera perdre plusieurs journées à mes serfs, et que quelques-uns en supporteront difficilement la fatigue, tous ceux qui trouveront à s'établir ailleurs ne reviendront plus dans mon fief. Qui sait si ces moines ne sont pas de Notre-Dame de Liesse; et s'ils ne poussent pas les paysans à faire ce pélerinage pour les retenir ensuite, par droit d'aubaine, serfs de leur monastère ?... Mes serfs sont attachés à la glèbe; je ne les laisserai point partir; et moi, ni par pélerinage, ni par argent, je ne veux point de leurs indulgences.

— Si vous voulez faire une œuvre agréable à Dieu, vous le pouvez, répondit le père Augustin, sans courir tous les risques où vous exposent les discours des missionnaires. Accordez à vos serfs quelques jours de repos ; diminuez un peu leurs corvées ; remettez-leur une petite partie de leurs redevances : ils vous béniront ; ils se trouveront heureux ; ils ne songeront point au pélerinage; et Dieu vous accordera plus d'indulgences et de grâces, que si vous faisiez un voyage inutile. Mais ces inquisiteurs sont puissans, plus puissans que vous peut-être ; et, si j'en excepte quelques serfs qui ont reçu mes leçons, qui fréquentent la maison du brave Caillet, tous les autres sont si âpres aux choses superstitieuses, qu'ils prendront peut-être le parti des missionnaires contre leur seigneur.

— Je me moque des missionnaires et de leurs farces, dit le seigneur de Frocourt. Je ferai ce que vous dites, parce que j'ai aussi des fautes à racheter : je diminuerai les charges de mes sujets pour cette année. Mais je vais de ce pas enjoindre aux nouveaux venus l'ordre de quitter à l'instant mes domaines.

Aussitôt donc, le juge de Jérôme de Vesses alla publier, au nom de ce seigneur, devant la porte de l'église, que les tailles et les redevances étaient réduites d'un quart, mais qu'il n'y aurait point de pélernage. Et, après avoir fait sa proclamation, le même juge alla dire aux missionnaires qu'on les priait de partir.

Ils reçurent cet ordre avec une arrogance qui me consterna. — Allez dire à votre maître, répondit l'un d'eux au juge de Frocourt, que nous ne sommes point ici sous sa dépendance, et qu'il se prépare à comparaître devant nous dans une heure, ou qu'il tremble d'être frappé des anathêmes.

Une partie des serfs attendit, dans une stupide frayeur, le résultat de cet incident. Les autres, satisfaits de voir leurs redevances diminuées, sortirent de l'église et s'en allèrent remercier leur seigneur.

Cependant les missionnaires prirent des informations sur le seigneur et sur l'absence du père Augustin. Ce qu'on leur dit de ce dernier leur apprit assez que ce bon religieux n'approuvait point les abus et les superstitions des moines. Ils envoyèrent leurs archers à sa poursuite, et fulminèrent, en attendant, au son des cloches et à la lueur de douze cierges rouges, l'excommunication du seigneur de Frocourt. Ils ordonnèrent à tous ses serfs de le maudire, de ne plus le regarder comme leur seigneur; ils déclarèrent sa seigneurie interdite ; ils permirent au *premier venu* de le tuer et de s'emparer de son fief ; ils le condamnèrent à être enterré hors de la terre-sainte, s'il ne se relevait de l'excommunication par une fondation religieuse, un pélerinage, et une pénitence publique..... Le temps était ce jour-là très-orageux : les éclairs et le tonnerre accompagnèrent cet anathême ; et les missionnaires persuadèrent à la plupart de leurs tremblans auditeurs que les foudres du ciel se joignaient aux foudres de l'église contre les hérétiques.

Ce fut en ce moment qu'on amena le vieux père Augustin dans l'église, les mains chargées de chaînes. Le plus jeune des missionnaires se mit aussitôt à l'interroger. — J'ai plus de quatre-vingt-dix ans, dit le père Augustin : j'ai assez vécu..... Si vous m'ôtez la vie, vous m'ôterez bien peu de chose... J'irai devant mon Dieu le prier d'alléger la misère de ce pauvre peuple, et d'éclairer vos cœurs, à vous qui êtes ses tyrans.....

—Vieillard maudit, s'écria l'inquisiteur, ne te flatte pas d'aller devant Dieu, je vois l'enfer s'ouvrir sous tes pas. — Et moi je vois le ciel, répondit le père Augustin. Ma vie est pure, j'ai expié par la pénitence les fautes de ma jeunesse..... J'ai toujours adoré, j'ai prêché aux malheureux un Dieu de clémence... J'ai adouci des misères... Mais vous, quelle sera votre réponse, lorsqu'on vous demandera compte du bien que vous avez pu faire, et du mal que vous avez fait ?

— Infâme satellite de Belzébut, dit un missionnaire en fureur, nous avons exterminé les sorciers et les hérétiques, comme ton seigneur et toi; nous avons purgé la terre du levain de l'impiété; nous avons étendu la religion catholique.

— Mon Dieu n'est pas le vôtre, reprit le vieux bénédictin. Le Dieu que vous croyez servir en exterminant vos frères, n'est pas le Dieu que je sers. J'adore ce Dieu qui a créé tous les êtres, qui les a faits libres....., qui a mis son culte dans leurs cœurs....., qui leur a dit de multiplier et de croître....., qui a maudit les meurtriers de Caïn....., ce Dieu qui n'a d'autre temple que la voûte du ciel... Je suis les maximes de Jésus-Christ, qui pardonna à la femme adultère, qui étendit ses bienfaits sur la Chananéenne, qui pria pour ses bourreaux, qui vint régner dans la paix et non dans le sang... J'honore ces saints qui ont aimé leurs frères, qui sont morts dans les persécutions, et qui n'ont point persécuté. Quand j'ai péché devant mon Dieu, c'est à lui et non à des hommes que j'ai demandé indulgence, et je l'ai obtenue..... Je n'ai point fait de pélerinage, pour adorer un Dieu partout présent..... Je n'ai jamais cru que ce Dieu, plein de sagesse, réglât ses jugemens sur les anathêmes d'un prêtre furieux..... Je n'ai point adoré les reliques, parce que les ossemens qu'on exposait à mes respects étaient souvent supposés, et que d'ailleurs je ne sais pas si ceux que vous faites saints sont saints devant Dieu. Mes idées ne se sont jamais arrêtées sur la révélation et les miracles, parce que j'ai craint de tomber dans l'erreur..... J'adore Dieu. Il est mon père; j'espère en sa bonté.

— Vous l'entendez, s'écria un missionnaire. Malheureux paysans, depuis de longues années vous avez au milieu de vous le plus criminel de tous les hérétiques, et la foudre n'a pas réduit en cendres ce coupable village! Mais je l'entends qui gronde. Tremblez. — Tremblez vous-même, répliqua vivement le père Augustin ; quand Dieu fait des prodiges, s'il lance sa foudre, c'est contre les méchans. — C'en est assez, répliqua le missionnaire, qu'on le traîne au bûcher !....

En même-temps il ordonna de sonner les cloches, tant pour conjurer l'orage qui était effrayant, que pour couvrir les cris de la plupart d'entre nous, qui ne pouvions voir sans douleur la condamnation du vieux père Augustin. Je m'étais élancé auprès de lui, je ne sais si c'était dans l'idée de l'embrasser pour la dernière fois, ou pour tenter de l'arracher aux assassins, lorsqu'un éclair immense frappa l'assemblée ; le tonnerre tomba avec un fracas épouvantable, au milieu de l'église où tout se passait ; les assistans, accablés d'effroi, se jetèrent à genoux ou prosternés dans la poussière ; le père Augustin seul, debout au milieu de ses bourreaux, conservait le calme d'une âme pure et le visage le plus serein.

Quand la frayeur se fut évanouie, la foule se releva, et alors seulement on s'aperçut que quatre personnes étaient mortes: le plus vieux des missionnaires, un de ses bourreaux, et deux pauvres serfs de Frocourt.

La mort des deux premiers nous parut un véritable miracle. Les trois autres inquisiteurs, consternés, ne savaient quelle contenance faire : le père Augustin était immobile; les hommes d'armes de la mission prenaient la fuite; et tous ceux qui vénéraient le vieux bénédictin rendaient grâces au ciel, lorsqu'un serf qui était sorti avant l'excommunication du seigneur de Frocourt, entra hors d'haleine dans l'église : — Ah ! malheureux que nous sommes, s'écria-t-il, nous venons de perdre notre seigneur, au moment où il devenait plus humain. Aussitôt qu'on a appris qu'il était excommunié, et que *le premier venu* pouvait le tuer et prendre sa place, son bourreau..... le bourreau de Frocourt a tué son seigneur, a chassé madame Hodéaldis et sa fille, s'est emparé du château, et s'est déclaré notre maître!....

Pendant le tumulte et l'effroi que causa cette nouvelle, une foule de serfs entra en désordre ; les plus furieux se jetèrent sur les missionnaires, les traînèrent hors du village et les menacèrent de les mettre en pièces, s'ils reparaissaient dans la seigneurie.

Mais à peine furent-ils éloignés de quelques cents pas, qu'ils nous renvoyèrent un homme de leur escorte, chargé de nous crier que la vengeance était prête ; que dans deux jours le village criminel serait décimé, s'il n'était pas exterminé entièrement, et que nous étions tous excommuniés... Après avoir rempli sa charge, l'homme d'armes, qui était bien monté, prit la fuite au galop de son cheval, et nous laissa dans le désespoir d'une fureur inutile, dans l'effroi des plus cruels supplices.

Le soir venu, le bourreau fit proclamer au son de trompe, dans toute la seigneurie, qu'on eût à se rendre le lendemain matin dans les cours du château, pour jurer fidélité au nouveau seigneur. — Mes enfans, nous dit Caillet, nous avons subi avec trop de patience le joug des tyrans. Il est temps de le secouer, maintenant que nous avons pour maître un vil égorgeur, encore dégoûtant du sang de nos amis et de nos frères. Partons ce soir pour Beauvais. J'ai su conserver quelque argent; nous acheterons des armes; et dans deux jours, aidés de tous ceux qui comme nous soupirent après la liberté, nous exterminerons l'usurpateur de Frocourt et ses semblables.

Qu'ils soient nobles ou qu'ils soient roturiers, tous les seigneurs doivent tomber sous nos coups, puisqu'ils oppriment la masse de la nation, et que mille malheureux ont le droit naturel de tuer le monstre dont la mort fera leur bonheur et assurera leur existence.

Le père Augustin était tellement abattu de tous les événemens de cette triste journée, qu'on avait été obligé de le rapporter à la cabane. — Je ne pourrai pas vous suivre, nous dit-il; mais je prierai le ciel de répandre sur vous ses bénédictions. Je vous accompagnerai de mes vœux. J'avais cru mourir en paix et sourire à votre bonheur en quittant la vie; je ne jouirai pas de cette dernière consolation. Mon heure suprême va sonner... Puissiez-vous réussir dans votre généreuse entreprise !... Adieu, mes bons amis; si je ne vous revois plus, gravez ces mots sur ma tombe : *Comme nous il fut malheureux ; comme nous il dés'ra la liberté de sa pauvre patrie.* Embrassez-moi... pour la dernière fois sans doute... Soyez plus humains que ceux que vous voulez punir... Adorez votre Dieu ; chérissez la vertu ; et quand vous aurez fait une action honorable, songez que le père Augustin vous applaudit des voûtes éternelles.....

Il s'arrêta à ces mots, parce que nous fondions en larmes. Ma femme et ma belle-mère voulurent rester à la seigneurie pour soigner le père Augustin. — A la bonne heure, dit Caillet, demeurez ; le danger n'est pas pressant, et vous vous fatiguerez moins ici. D'ailleurs, nous reviendrons demain..... Pour vous, mon père, ayez un peu de courage : les jours de la liberté sont tout proches ; Dieu vous accordera le bonheur d'en jouir. Bénissez-nous : vous nous bénirez encore à notre retour...

Après de tristes embrassemens nous quittâmes la chaumière, mon beau-père et moi, laissant en la puissance du bourreau de Frocourt, et non sans quelques inquiétudes secrètes, nos femmes et mon fils. Comme le nouveau seigneur avait défendu aux péagers de laisser sortir personne, il nous fallut faire de grands détours dans le parc du château, pour gagner la seigneurie voisine, et nous n'entrâmes à Beauvais qu'une heure après le lever du soleil.

CHAPITRE XV.

Rencontre de Gaspard. Aventures de ce Moine. Caillet est arrêté dans Beauvais. Délivrance, et retour à la Seigneurie.

En arrivant aux portes de Beauvais, Jacques Caillet me dit : — Nous pourrions rencontrer dans cette ville nos missionnaires ou leurs hommes de force, et comme nous serions mal dans leurs mains, il faut nous accommoder de manière à n'être pas reconnus, si l'on a remarqué notre figure.

Il avait apporté un petit sac de farine, dont nous déguisâmes nos visages, de manière à passer pour des meuniers envoyés à la ville par leur seigneur.

Il prit ensuite une partie de mes vêtemens, qu'il échangea contre les siens; puis étant convenus de nous retrouver, une heure avant le coucher du soleil, à la porte par où nous allions entrer, nous prîmes chacun une route différente pour éviter encore tout péril.

Je m'enfonçai donc dans Beauvais avec un peu d'argent; et après m'être reposé une heure dans une petite auberge, j'allai marchander une douzaine de haches de bataille, dont j'étais chargé de faire l'emplète. Le marché conclu, je donnai des arrhes; et l'ouvrier m'ayant promis que je les trouverais prêtes et bien emmanchées dans quelques heures, je me rendis en attendant à la cathédrale, que je voulais visiter.

Pendant que j'y faisais ma prière, je vis passer près de moi un religieux dont la figure me frappa et fit battre mon cœur avec plus de vîtesse. Elle ne me rappelait que des souvenirs agréables ; mais je ne pus qu'au bout d'un instant démêler cette figure, qui me sembla celle de Gaspard, mon frère aîné. Je m'étais levé avec précipitation. Le moine était à peu de distance : je me hâtai de courir après lui, plein de l'espoir de trouver un nouveau motif de joie dans la rencontre d'un frère chéri, le seul homme de ma famille que les seigneurs eussent épargné, et dont je n'avais pu, depuis tant d'années, découvrir l'asile.

Lorsque je fus près du moine, il se retourna ; et me voyant empressé de le joindre. — Mon ami, me dit-il, puis-je vous rendre quelque service ?.... Le son de sa voix acheva de dissiper mes incertitudes. Je reconnus mon cher Gaspard. — Eh quoi ! mon bon frère, lui dis-je, sans songer à mon visage enfariné, vous ne me reconnaissez pas ?..... Il est vrai que j'étais bien jeune quand on nous sépara ; mais sans doute vous n'avez point oublié le pauvre Marcel, que vous avez laissé, dans les malheurs de la seigneurie d'Heubecourt?.... — Ah ! mon Dieu, s'écria Gaspard, en me considérant, c'est en effet les traits de Marcel. Je pourrais encore embrasser un frère !.... Il se jeta dans mes bras en versant des larmes, et me demanda ce que faisaient ses pauvres parens? ce qu'était devenu le bon père Augustin ? par quelle destinée je me trouvais à Beauvais ? si son père vivait encore ? s'il était malheureux?.... — Je n'ai jamais pu apprendre de leurs nouvelles, ajouta-t-il, tu vas enfin terminer mes inquiétudes.— Hélas! d'une triste manière, lui répondis-je : je n'ai que des malheurs à t'annoncer ; et jusqu'à présent l'histoire de ma vie n'est qu'un enchaînement de persécutions et de misères. Il est vrai que la plupart des serfs sont encore plus malheureux que moi. — Allons à ton auberge, me dit-il, tu me raconteras tout ce qui s'est passé autour de toi depuis notre séparation. Je te ferai voir ensuite que ton frère aussi est misérable.

Nous nous enfermâmes dans une petite chambre ; et là, je lui racontai toutes mes aventures, depuis son départ d'Heubecourt, jusqu'à notre rencontre à Beauvais ; mais je ne jugeai pas à propos de lui dire d'abord le motif qui nous amenait dans cette ville. Il m'interrompit plusieurs fois pour verser des larmes de douleur et de rage, sur le supplice de son père et de ses frères, sur mes longues souffrances, sur les cruautés des seigneurs ; et quand j'eus cessé de parler, il s'emporta contre cette lâche patience des serfs qui, mille fois plus puissans et plus nombreux que leurs seigneurs, endurent des atrocités inconcevables, sans songer à la vengeance! — Mais le père Augustin vit encore, ajouta-t-il : je lui dois la vie ; de combien de périls il a sauvé la tienne ! Et que je serais heureux de revoir cet auguste vieillard !.... Je l'arrêtai, en lui donnant l'espoir qu'il le reverrait sans doute, et en le priant de me dire ses malheurs, comme il me l'avait promis.

— Je vais le faire en peu de mots, répondit-il ; aussi bien, après toutes les misères que tu viens de me dépeindre, ce n'est qu'avec peine que je m'arrêterais sur des temps si déplorables, quoique mes jours ne soient pas tous également tristes.

Lorsqu'on m'eut enlevé à la vengeance des seigneurs voisins de Domart, on me fit passer, de couvens en couvens, au prieuré de Gournai-sur-la Marne, à quatre lieues de Paris. Je fus reçu d'abord dans cette maison comme un frère lai, dont il fallait protéger la vie, et dont on pourrait ensuite tirer parti. On me jugea bientôt digne de figurer parmi les moines, à cause du caractère décidé que je montrais, et de certaines saillies naturelles qui promettaient quelque chose aux bons pères. Ainsi, au lieu de me réduire à la destinée des serfs du prieuré, on me fit apprendre à lire. Je chantai bientôt au lutrin. Je compris aussi bien que mes maîtres les finesses du métier de moine, et au bout d'un an on me fit prononcer mes vœux.

Je me prêtai sans scrupule à cette cérémonie, parce qu'élevé dans une grande simplicité, je ne m'étais fait aucune idée précise du bien et du mal, et que je ne trouvais pas le célibat fort rude, dans la société de ces gens qui aimaient sous le froc, qui ne cherchaient point à cacher leurs galanteries, qui faisaient des maîtresses sans honte, et qui ne m'obligeaient pas plus qu'eux à la chasteté. L'important était d'édifier le prochain en public, de faire venir les successions au couvent, d'arracher aux vieilles femmes des legs et des donations continuelles, et de bien trafiquer des indulgences et de l'adoration des reliques. A tout cela je m'entendais comme un autre ; mais j'avais la conscience de ménager les misérables ; et, me rappelant que j'étais fils et frère de pauvres vilains, je ne cherchais à dépouiller que les seigneurs et les riches dévôts.

Il y avait de l'autre côté de la Marne, à très-peu de distance de notre prieuré, une maison de filles, la célèbre abbaye des bénédictines de Chelles. Comme les sœurs de cette maison n'étaient pas plus scrupuleuses sur le fait de la chasteté, que les frères de mon couvent, c'était là principalement que nous cherchions des maîtresses. Nous étions chargés alors de diriger l'abbaye de Chelles. Souvent nous rendions visite à nos dignes sœurs; souvent aussi elles passaient le pont, pour nous venir voir. Je ne te peindrai point les désordres qui régnaient dans ces deux couvens. Pendant plusieurs années je les trouvai bien doux; et ces temps que j'ai passés dans les plus coupables débauches, sont aujourd'hui l'objet de ma douleur et de mes remords.

Enfin, après six ans d'aventures criminelles, tant avec quelques femmes de laïcs qu'avec les bénédictines, je fus puni de mes crimes et touché de la grâce. Depuis trois mois l'abbaye de Chelles avait donné le voile à une dame noble, qui paraissait âgée de trente-six ans, et qui avait conservé une grande beauté. Le prieur de mon couvent était parvenu à gagner le cœur de cette veuve (car elle l'était), et nous savions tous qu'elle était sa maîtresse. Je n'eus besoin que de la voir, pour être le rival de mon supérieur; et je devins bientôt un rival heureux. J'avais conçu pour elle la plus violente ardeur : j'avais osé lui en faire l'aveu sans détours ; elle ne m'avait point repoussé, elle me laissait même entrevoir les plus douces espérances.

Au bout d'un mois de protestations et de visites intéressées, je la trouvai seule un soir dans le jardin de Chelles. Je l'emmenai insensiblement dans un petit bouquet de bois ; je la pressai de me rendre heureux, j'en obtins tout ce que j'avais pu désirer..... A la suite de ces momens qui m'avaient enivré de plaisir, elle me serra dans ses bras, et me demanda si j'étais noble ? — Non, lui dis-je. — Hé bien ! répliqua-t-elle, juge combien ton bonheur est grand, puisque tu es l'amant aimé de la veuve d'un puissant seigneur. Naguère j'étais dans le faste ; je commandais à un fief considérable.

Un jeune brigand a tué mon noble époux; et pour comble de maux, après cinq ans de traitemens odieux, mon fils, mon indigne fils m'a chassée de sa seigneurie. Je n'ai plus d'asile que dans cette maison sainte, et je ne retrouverai ma félicité que dans tes bras. — Arrêtez, lui dis-je, interdit de ce que je venais d'entendre, et du mouvement qu'elle faisait pour m'embrasser encore; dites-moi de grâce le nom de votre mari. — C'était, répondit-elle, Matthieu de Domart..... — Ah! malheureuse! m'écriai-je, en prenant la fuite, c'est moi qui lui ai donné la mort, et je suis l'amant de sa veuve!..

Je rentrai au couvent dans le plus grand désordre; je ne pus parler à personne; je m'enfermai dans ma cellule, où je me mis au lit, mais sans pouvoir dormir.

Cependant, mes cris, mon aveu et ma fuite avaient épouvanté la veuve de Domart; elle était tombée sans connaissance dans le lieu même où elle venait de se livrer à un coupable amour avec le meurtrier de son mari. Ce meurtrier était innocent, puisqu'il avait tué Domart en bonne guerre; mais la qualité de vilain le rendait coupable, et par une inconcevable bizarrerie, cette femme, qui ne songeait qu'à oublier son époux dans les bras de tout autre, ne revint de son évanouissement que pour demander vengeance, sans se souvenir qu'elle prenait un amant pour victime. Elle fit dire au prieur qu'elle venait de reconnaître en moi celui qui l'avait rendue veuve, et qu'elle demandait mon châtiment. Elle fut assez humaine pour ne point dire que je m'étais fait le rival de mon supérieur; ce mot eût été mon arrêt de mort, et je crois qu'elle ne la voulait point.

Le prieur, qui savait mon histoire,

et qui jusques-là n'avait point pensé à me punir, jugea alors qu'il était à propos de le faire, pour l'amour de sa maîtresse. A deux heures du matin, on me vint tirer de ma cellule pour m'ensevelir dans un cachot. J'y demeurai cinq ans. Ma situation y fut si horrible, mon cher Marcel, qu'elle n'est comparable qu'aux misères de ta captivité. Durant les premières semaines je m'abandonnai au plus affreux désespoir, et j'étais décidé à me laisser mourir de faim auprès de mon pain noir et de ma cruche d'eau, lorsqu'un rayon de cette grâce divine qui touche les cœurs les plus endurcis, me ramena à la vertu en me livrant aux remords. Je me demandai ce que j'avais fait sur la terre, et quel sort je pouvais attendre dans l'autre monde. Je frémis en songeant au compte que j'avais à rendre au juge suprême, dont il me faudrait soutenir les regards sévères.

Le repentir entra dans mon âme ; je versai des torrens de larmes ; je supportai la vie, mais pour expier mes débauches et mes crimes par les austérités de la pénitence.

La veuve de Domart m'avait oublié dans mon cachot. A la fin de la cinquième année le prieur m'en fit tirer. — Ce que j'ai fait, me dit-il, j'ai été obligé de le faire. Maintenant tu es libre. La dame que tu avais affligée a pris la fuite, il y a quelques jours, avec un jeune moine de ce couvent ; on ne sait où ils ont porté leurs pas. Mais rien ne t'empêche maintenant de revoir le ciel ; et comme tu ne pourrais vivre dans une maison où ton aventure est trop connue, je vais te faire conduire à l'abbaye de Royaumont.

J'avais à peine passé un mois avec mes nouveaux frères, que j'y reconnus les mêmes abominations qu'à Gournai. Les superstitions, l'oubli des devoirs religieux, les fourberies, et surtout les plus effroyables débauches, régnaient dans cette maison comme dans celle que je venais de quitter. Les moines de Royaumont, entre mille autres supercheries, se vantaient d'avoir une cloche consacrée par saint Bernard, et qui fécondait les femmes stériles. Ils enfermaient donc dans leur chapelle les jeunes épouses, que d'imbéciles maris leur envoyaient pour devenir pères; et là..... (1). Mais je ne m'arrêterai pas sur de telles infamies, nous vivons dans un siècle et dans des pays où l'on ne peut faire un pas sans rencontrer les abominations les plus révoltantes. Je m'étais converti : je frémissais tous les jours du débordement que j'étais obligé de voir, mais je n'osais en témoigner mon in-

---

(1) Cet endroit du manuscrit est si violent, qu'on n'a pas jugé à propos de le traduire.

dignation, parce qu'à chaque instant ma conscience me criait : *tu as fait pis encore!*.....

Les années que je passai dans l'abbaye de Royaumont furent peut-être les plus tristes de ma vie, parce que j'y souffris tous les tourmens de l'âme. Mes maux étaient d'autant plus grands que mes sens se révoltaient continuellement contre moi, que je pleurais sans cesse les vœux que j'avais formés, et l'impuissance où j'étais de contracter les liens du mariage.

Enfin, je fus bientôt abhorré de tous mes compagnons, dont je désapprouvais la conduite dans le silence, et dont je n'imitais pas les désordres. Un jeune moine m'apprit un jour que depuis long-temps on priait l'abbé de me chasser du monastère ; qu'il n'avait pu s'y décider, à cause du scandale qui en résulterait, au détriment de l'abbaye ; et que le lendemain on devait m'empoisonner..... Je tenais encore à la vie : je pris la fuite. J'arrivai à Beauvais ; on me reçut dans le principal couvent de cette ville ; j'y ai trouvé les mêmes mœurs que dans les autres ; mais j'ai rencontré au moins quelques frères qui, comme moi, méprisent la superstition, et ne désirent que fuir des lieux habités par les vices les plus honteux. J'aurais pu te raconter des choses encore plus infâmes.... Mais non ; il est temps que je m'arrête.....

Mon pauvre frère, quel est maintenant ton sort dans ton village ?... — Maintenant, lui dis-je, mon cher Gaspard, le sort des serfs va peut-être devenir meilleur. Mais puisque je vois que tu ne blâmerais point nos grandes résolutions, je puis te les apprendre.

Je lui annonçai alors les derniers événemens de Frocourt, le désespoir des vilains, les projets du brave Caillet, et nos espérances. — Mon beau-père est dans cette ville, ajoutai-je; il y est venu comme moi pour acheter des armes. Ce soir nous retournons à la chaumière; et demain peut-être, l'étendard de la révolte sera levé dans tous les environs de Beauvais. Si tu veux nous suivre, tu reverras le père Augustin, tu connaîtras la liberté!....

— Oui, répondit Gaspard, je te suivrai; mais quelques-uns de mes compagnons partageront avec nous les hasards de cette guerre. Je cours leur en porter la nouvelle.... Nous nous embrassâmes alors; et Gaspard m'ayant promis qu'il nous rejoindrait avec les moines ses bons amis, à la porte de la ville, une heure avant le coucher du soleil, je lui répétai qu'il ferait une chose agréable à Dieu, en venant au secours des pauvres serfs, et je le quittai. J'allai prendre mes haches d'armes qui étaient prêtes, et je gagnai la porte de la ville où je devais attendre Caillet et la petite troupe de mon frère.

J'étais assis depuis près d'une heure sur un vieux tronc d'arbre, et je réfléchissais profondément au succès possible de nos projets, lorsque j'aperçus une femme qui venait à la ville à pas précipités et avec un certain air qui me frappa singulièrement. Je reconnus bientôt la femme du curé de Frocourt (1). De tristes pressentimens assaillirent ma pensée. J'allai au devant d'elle. — Que se passe-t-il au village, lui demandai-je? — Ah! c'est vous, répondit cette dame, en me considérant; que le ciel soit béni, puisque je vous rencontre! Mais où avez-vous laissé Jacques Caillet? c'est lui surtout que je cherche. — Je l'attends ici, lui

---

(1) On sait que les prêtres se marièrent généralement, et surtout dans les campagnes, jusqu'au Concile de Trente.

dis-je, j'espère qu'il ne tardera pas à nous joindre.—Hélas! interrompit-elle, nous sommes bien malheureux! Vous savez que le bourreau de Frocourt a tué hier son maître et s'est mis en sa place, comme les missionnaires le lui avaient permis. Hier aussi, quand ces prêtres furent de retour à Beauvais, ils racontèrent à l'évêque, sous les plus noires couleurs, le mauvais accueil qu'on leur avait fait dans notre seigneurie. L'évêque irrité nomma un autre seigneur, qui est arrivé ce matin, avec l'ordre de punir tous les coupables et d'exterminer, s'il le faut, le quart du village. Ce matin même, le bourreau de Frocourt a été pendu, au moment où il attendait les hommages des serfs qu'il s'était faits. Quatre-vingts personnes viennent d'être arrêtées et enfermées dans les cachots du château; de ce nombre est mon pauvre mari, qu'on accuse de n'avoir pas entretenu dans sa cure les craintes religieuses ; le père Augustin, qu'on appelle l'auteur de tout le mal ; la femme de Caillet et la vôtre, qui sont coupables de votre fuite et des soins qu'elles ont donnés au vieux bénédictin..... Ces quatre-vingts malheureux seront jugés ce soir. Si votre beau-père était avec nous, il saurait peut-être empêcher tous les maux qu'on nous apprête.

— Ah ! grand Dieu, m'écriai-je, en m'arrachant les cheveux, il n'y a pas de temps à perdre. Ma femme, ma mère et le père Augustin !.... Grand Dieu ! les perdrai-je tous en un jour !.... Je priai alors la femme du curé de garder mes armes, et de m'attendre au lieu même où elle m'avait trouvé ; et je courus dans la ville, à la recherche de Jacques Caillet.

J'étais arrivé sur la place de la cathédrale, demandant à tous ceux que je rencontrais, s'ils avaient vu un homme que je leur dépeignais de mon mieux, lorsqu'une vieille femme m'apprit qu'on venait d'arrêter un paysan, qui pouvait bien être celui que je cherchais ; que deux hommes d'armes de la mission l'avaient reconnu pour l'un des séditieux de Frocourt ; qu'on le nommait Jacques Caillet ; et que son affaire était bien mauvaise, parce qu'il allait être jugé par les chanoines de Beauvais....

Cette horrible nouvelle fut pour moi un coup de foudre ; mais sans m'abandonner à un désespoir stérile, je volai au couvent de mon frère, que la vieille femme m'indiqua. Je lui annonçai mes malheurs. — O ciel ! s'écria-t-il, partons à l'instant, et tâchons d'abord de sauver ton beau-père.... En même-temps il rassembla autour de lui six moines de son couvent qu'il avait achevé de séduire, et qui étaient prêts à le suivre. Il marcha, avec ses compagnons et moi, au chapitre, où nous trouvâmes Caillet chargé de chaînes, et les chanoines occupés à le condamner.

— Mes pères, dit Gaspard, en saluant avec respect les chanoines, et en me montrant à ces juges : voici un bon paysan, que le nouveau seigneur de Frocourt nous envoie, pour nous annoncer que les choses sont déjà pacifiées, et que demain tous les mutins seront exterminés sans bruit. Mais comme il faut rétablir dans ce village la religion oubliée, ce seigneur a demandé sept moines, que notre supérieur lui envoie. Il vous prie aussi de nous remettre le criminel Caillet, dont le supplice doit se faire à la vue de toute la seigneurie. Nous partons, mes pères, pour quelques semaines, avec l'espoir de vous annoncer bientôt que le village de Frocourt est soumis à la religion et à son seigneur.

Mon beau-père était si embarrassé de

comprendre tout ce qu'il entendait, il avait l'air tellement interdit, Gaspard mettait tant de bonhomie dans son discours, que les chanoines ne songèrent pas un instant à s'en défier. Ils l'engagèrent, ainsi que ses compagnons, à déployer le plus grand zèle et à bien soutenir l'honneur de leur maison. Ils lui remirent Jacques Caillet, et nous souhaitant un bon voyage, le chapitre appela une autre cause, pendant que nous gagnions la porte de la ville.

Ma joie eût été grande de voir mon beau-père délivré, si je n'eusse songé à ma belle-mère, à mon fils et à ma femme. Je remerciai toutefois le ciel de ce premier bonheur, que je regardais comme un heureux présage ; et aussitôt que nous fûmes dans un lieu propre à n'être point entendus, je m'approchai de Jacques Caillet pour lui dire qu'il était libre.

— Je m'en doutais, répondit-il; mais

que veulent dire tous ces moines ?... Je lui appris alors que j'avais retrouvé mon frère, et qu'avec six de ses compagnons il venait partager notre sort. Nous arrivâmes bientôt à la porte de la ville, où la femme du curé de Frocourt nous attendait. Nous délivrâmes Caillet de ses chaînes ; il embrassa Gaspard et ses moines, leur rendit mille actions de grâces : — Vous êtes encore français, ajouta-t-il ; bientôt nous serons libres. Mais hélas ! je venais ici chercher des armes : je n'en ai point ; et on m'a pris mon argent. — J'ai douze haches de bataille, lui répondis-je, en lui montrant mon acquisition ; nous pouvons d'abord nous armer...

— Hélas ! hâtons-nous de partir, interrompit la femme du curé. Vous arriverez peut-être trop tard.... Elle répéta à Jacques Caillet les tristes nouvelles qu'elle m'avait apportées et qui causaient son voyage. — Ah ! malheureux que je suis, s'écria Caillet d'une voix altérée, ma femme est morte !.... Volons à leur secours !... et que Dieu nous protège assez pour que nous n'ayons pas à les venger !.....

CHAPITRE XVI.

LA GUERRE DE LA JACQUERIE.

Nous rentrâmes dans Frocourt au commencement de la nuit. Nous trouvâmes le village désert. Toutes les portes étaient fermées, et l'on ne s'appercevait de la présence des habitans, que par les pleurs et les lamentations qui se faisaient entendre dans les cabanes. Nous déposâmes à la hâte une partie de nos armes dans la maison de Caillet : je sentis bien qu'elle était abandonnée ; je n'y retrouvai ni ma bonne-mère, ni ma femme, ni mon fils. Mais personne ne remarqua d'abord qu'elle avait été livrée au pillage, et que notre jardin et nos petits champs étaient dévastés.

Nous nous rendîmes tous ensemble, et sans perdre un instant, à la seigneurie. Le nouveau seigneur était dans sa cour, occupé, malgré la nuit, à juger et à condamner, à la lueur de douze torches, au milieu de quatre-vingts hommes d'armes. Il avait quarante ans, une figure atroce, une stature colossale, dont quelques-uns de nous furent plus effrayés encore que de sa nombreuse escorte.

Aussitôt que nous parûmes, les archers nous entourèrent, et le juge du seigneur nous demanda ce que nous cherchions ? — Monseigneur, dit Caillet, en se nommant et en se mettant à genoux, vos pauvres serfs ont quitté hier ce village pour ne point obéir à un usurpateur. Ils se hâtent d'y revenir lorsqu'ils apprennent qu'on leur a donné un seigneur légitime. Monseigneur, nous vous servirons comme nous avons servi les seigneurs précédens. Mais ma femme et ma fille sont emprisonnées comme criminelles ; j'ose me jeter aux genoux de monseigneur pour répondre de leur innocence et de leur fidélité.....

— Et nous, continua Gaspard, nous sommes envoyés par monseigneur l'évêque de Beauvais, pour rétablir la religion dans ce village et tout soumettre à la puissance du nouveau seigneur. On cite parmi les coupables de Frocourt le curé et le père Augustin ; nous avons reçu l'ordre de les faire conduire à la ville, où ils seront jugés par les chanoines, et punis des peines canoniques...

Le seigneur ne répondit rien. Il fit un signe à ses deux bourreaux qui apportèrent devant nous un grand panier plein de têtes sanglantes... Cherchez, nous dit une voix infernale, si vous ne trouverez pas là-dedans quelqu'un des vôtres..... Ce spectacle épouvantable, ces affreuses paroles nous glacèrent d'effroi. Nos cheveux se hérissèrent ; une sueur de sang inonda nos visages. Caillet recula d'horreur ; je demeurai stupide et immobile comme un mort. — Vous frémissez, reprit le bourreau. Cette tête est-elle à vous ?.... C'était celle du curé....Sa veuve poussa un cri déchirant, et voulut embrasser ce débris qui roulait dans la poussière.— Femme, lui demanda le seigneur, que dis-tu de cette justice ?—Hélas ! répondit la pauvre veuve, je sais qu'il était coupable... et elle s'en alla pleurer son époux, dans des lieux où elle pût se livrer à sa douleur sans mériter la mort.

Un instant après, le bourreau saisit par les cheveux une tête livide, et me la présenta à la clarté d'une torche... Je reconnus ma pauvre mère..... la vertueuse mère de Marie..... Cet aspect me fit tomber mourant devant mon frère, et je n'entendis plus que ces mots : — Des coupables que vous réclamez, voilà ceux qui sont morts. Les autres vivent..... pour quelques heures.....

Caillet, qui éprouvait dans tout son corps des tressaillemens semblables aux mouvemens de la fièvre la plus violente et aux secousses de la plus cruelle agonie, Caillet comprima alors toute sa douleur dans son âme ; il se mit à genoux une seconde fois ; et, s'efforçant de parler, il dit d'une voix coupée par les sanglots : — Monseigneur, ma femme n'est plus..... ma fille vit encore..... Si votre clémence veut épargner ses jours..... et me la rendre..... demain..... je compterai à Monseigneur cent livres d'argent au poids..... J'en donnerai autant pour la vie de mon petit-fils...., et pour qu'on livre à ces moines le père Augustin vivant....., si l'on me permet d'être libre toute cette nuit..., et d'implorer les secours de mes parens et de mes frères.....

— J'accepte ce que tu m'offres, répondit le seigneur. Mais demain, une heure après le lever du soleil, si tes deux sommes ne sont pas prêtes, les deux coupables, ton petit-fils, ton gendre, toi, et tous ceux-là qui t'accompagnent, vous mourrez comme des traîtres..... Tu vois ici les têtes d'une foule de séditieux ; une foule d'autres tomberont encore..... aujourd'hui il est temps de suspendre le cours de la justice, puisque l'ordre est déjà rétabli.

Alors il fallut sortir. Les moines qui nous accompagnaient me traînèrent à la maison de Caillet. Mon beau-père y arriva, sans avoir proféré une seule parole ; mais en revoyant les haches de bataille, il se jeta sur ces armes, en poussant d'une voix étouffée les hurlemens de la vengeance, et en versant des larmes sanglantes sur la mort de sa femme.

Il s'efforça bientôt de se calmer ; et comme je ne cessais d'appeler en pleurant ma bonne Marie. — Ta femme n'est point morte, me dit-il. — Elle mourra, répliquai-je ; vous avez promis ce que vous n'avez point. — J'ai obtenu cette nuit pour préparer une vengeance terrible..... Mais, continua-t-il, en s'adressant aux moines, les momens qui nous restent sont plus précieux que l'or. Etes-vous prêts à nous défendre ?

— Le ciel lit dans nos cœurs, répondit Gaspard : que son tonnerre écrase celui d'entre nous qui conserverait une lâche frayeur, celui qui ne désire pas l'extermination des seigneurs et de leurs vils satellites !

— Eh bien ! s'écria Caillet, déposons un moment notre douleur. Nous pleurerons quand nous serons vengés.....

Séparons-nous en deux troupes ; parcourons le village, et rassemblons autour de nous tous les serfs qui ont encore de l'énergie, tous ceux qui ont reçu des outrages, tous ceux à qui la douleur et le désespoir font partager nos sentimens ; et que demain, une heure après le lever du soleil, notre tyran dorme avec ses victimes.

Mon beau-père, avec trois moines, dont la présence et le caractère ne lui furent pas inutiles, alla frapper à toutes les portes de la partie du village qu'il s'était choisie. Gaspard, les trois autres moines et moi, nous parcourûmes le reste. Tous les paysans se levèrent à la voix de mon beau-père et à la mienne; et il n'y en eut point qui fussent en état de combattre, qui ne s'armassent de grand cœur, à nos discours et aux discours des moines, nos bons amis. On rassura les femmes, en leur persuadant que leurs maris ne courraient point de danger ; que dans quelques heures elles seraient libres ; que leurs amis et leurs parens condamnés à la mort seraient délivrés ; qu'il n'y aurait plus de seigneur ; et que le bonheur et l'opulence habiteraient bientôt le village. La peur de causer la mort de leurs époux, et leur misère, les engagea assez au secret.

A trois heures du matin, nous nous trouvâmes au nombre de deux cents huit, tous armés de haches, de pioches, de fourches et de quelques piques, et tous déterminés. C'était le onzième jour de septembre. La nuit n'était pas très-obscure. Jacques Caillet conduisit toute la troupe hors du village, dans un champ ravagé. Là, tout le monde se groupa autour de lui ; il monta sur une petite élévation et tint ce discours :

 » — Mes amis, mes camarades et

mes frères, si je ne vous avais rassemblés ici que pour mes propres malheurs, je serais indigne de marcher dans vos rangs. Mais, vous le savez, il y a vingt ans que je soupire après notre délivrance; j'ai eu le bonheur de vous rendre quelques services, et je suis assez heureux encore pour ne compter aucun ennemi parmi vous.

» Depuis bien des siècles nous sommes esclaves de la glèbe : qu'ont fait nos pères, et qu'avons-nous fait pour mériter la servitude ? dans toute la France mille hommes tremblent sous un seigneur. Un monstre, parce qu'il est noble, a le droit de confisquer nos biens, de nous assujétir aux plus pénibles travaux, de ravir les prémices de nos femmes, de disposer de notre vie selon ses caprices.....

» Seuls, nous cultivons la terre; nos mains nourrissent seules tous les habitans de notre pauvre patrie ; seuls nous sommes des citoyens utiles, et seuls nous sommes opprimés.

» Quelle est la vie d'un seigneur ? commander, confisquer, punir, et faire des misérables..... Quelle est la part du serf ? Le travail, l'indigence, les misères et les supplices.

» S'il en est dix parmi nous que les seigneurs n'aient point abreuvé d'outrages, rentrons dans nos cabanes, et que les nobles soient encore nos maîtres... S'il en est un seul qui n'ait point souffert de son seigneur, ou la torture ou le bâton, ou des confiscations injustes, ou des travaux immodérés, ou quelque violence semblable, déposons encore les armes..... Mais puisque, tous tant que nous sommes, nous et tous les serfs qui gémissent sur le sol français, nous n'avons trouvé dans nos maîtres que de féroces tyrans, accoutumés au brigandage, que de vils bourreaux, que d'avides persécuteurs; puisque ces maîtres ressemblent à des monstres vomis par l'enfer, et non à des protecteurs, marchons à la vengeance... Pourrons-nous déplaire à Dieu, en exterminant ses lâches ennemis, ceux qui ont détruit l'harmonie de l'Univers, qui ont renversé les bases de l'égalité naturelle, et qui oppriment tout le genre humain ? C'est ma douleur et la vôtre, mes pertes et les vôtres, ma misère et la vôtre, ma vengeance et la vôtre, ma liberté et la vôtre, mon bonheur et le vôtre, c'est la douleur, la misère, la vengeance, la liberté, le bonheur de la France entière, qui doivent nous animer aujourd'hui (1).

» Pourrions-nous craindre nos sei-

---

(1) On trouvera sans doute cette longue phrase singulièrement construite. Elle est traduite exactement.

gneurs? Dans les guerres de la France, et dans les débats des seigneuries entre elles, qui a remporté les victoires? nous...; et nos seigneurs, qui se cachaient au danger derrière nos bataillons, en ont recueilli toute la gloire. Si nous avons déployé du courage en combattant pour nos rois, pour nos seigneurs, dans ces guerres que les Anglais viennent d'apporter jusques dans nos provinces (1); si notre valeur a été grande, lorsque nous n'avions aucun in-

---

(1) On a déplacé ici un alinéa, jeté comme une parenthèse au milieu du discours. L'auteur profite de la circonstance pour dire qu'il s'est trouvé dans plusieurs combats contre les Anglais. Mais voici ce passage, qu'il adresse à son fils : « J'ai négligé jusqu'ici, mon fils, de te par- » ler des longues et cruelles guerres que l'Angle- » terre a suscitées à la France; cinq fois j'ai été » obligé de marcher avec mon beau-père sous » la bannière de mon seigneur; mais comme » dans les divers petits combats où je me trou- » vai, aux environs de la Picardie, je ne reçus

térêt à être braves, que serons-nous désormais?.... C'est pour nous que nous prenons les armes ; c'est notre vie continuellement menacée, notre liberté anéantie, que nous allons reconquérir!....

» Je vous vois tous armés de la hache, de la pioche, de la fourche ; c'est avec de telles armes que nous savons poursuivre les bêtes féroces de nos bois. Elles seront consacrées à un plus noble usage. Ce n'est plus l'ennemi de

---

» aucune blessure, et que mon beau-père se
» retira aussi sans mal, je ne t'ai point parlé
» de toutes ces choses. Au reste, je n'y ai vu
» de frappant que la lâcheté des seigneurs,
» qui pour la plupart se gardaient bien de se
» battre, la bonhomie des vilains qui se fai-
» saient tuer sans avantage, la perfidie des
» Anglais qui tombaient sur nous comme des
» traîtres, lorsqu'ils n'étaient pas attendus,
» et le malheureux courage des pauvres Fran-
» çais. »

nos troupeaux, mais notre ennemi le plus implacable; c'est le tigre sanguinaire que nous allons attaquer. Amis, la France attend votre exemple; toutes les provinces, tous les hameaux vont se joindre à nous. Que le ciel nous bénisse! nous allons délivrer la patrie! Marchons à la vengeance et à la liberté!.... »

J'aurais été surpris de ce discours dans la bouche d'un homme sans études, si je n'avais su que les grandes passions donnent de l'éloquence. La harangue de Caillet était frappante; elle fit le plus grand effet sur ses auditeurs. Tous les paysans enflammés s'écrièrent qu'ils le suivraient en tous lieux, et qu'ils le prenaient pour leur chef. — Je veux être digne de cet honneur, répondit le brave Caillet, en vous apportant la tête du monstre, comme il m'a montré hier la tête de ma femme..... Marchons. Mais avant de tuer le seigneur, il faut nous rendre maîtres de la seigneurie. Six péagers en gardent les issues, il faut nous diviser en six troupes, et que six de nous remplacent ces esclaves du tyran. La nuit ne sera dissipée que dans une heure. Partons à l'instant, et que dans une heure nous nous retrouvions tous ici... Je n'ai plus qu'un mot à vous dire, c'est qu'il faut que ceux d'entre nous qui remplaceront les péagers du seigneur, soient déterminés; qu'ils observent la police actuellement en vigueur : que cette seigneurie ressemble à l'enfer, d'où personne ne peut sortir. On y laissera entrer les serfs, qui apprendront chez nous à être libres, et les seigneurs qui se jeteront dans nos mains, quand ils croiront visiter un confrère... Mais alors un homme à chaque poste ne suffirait point. Voyez ce que vous voulez faire.

Plusieurs s'offrirent alors, pour prendre, jusqu'à nouvel ordre, la place des péagers. On en choisit dix-huit des plus braves, pour les six postes; et les moines qui nous accompagnaient ayant assuré la troupe des bénédictions du ciel, on se sépara pour remplir le premier ordre de Caillet, en applaudissant à ses sages idées.

Les choses allèrent aussi bien qu'on avait pu l'espérer. Les six péagers du seigneur, qui dormaient encore, furent tués dans leur sommeil, et remplacés chacun par trois paysans courageux. Tous les autres se retrouvèrent autour de mon beau-père, à la naissance du jour. On appela le champ où l'on s'était rassemblé, *le Champ de l'Union*; on y planta une longue perche, surmontée d'une bannière blanche, qu'on nomma *la Bannière de la Liberté*; et Gaspard ayant entonné le psaume LV (1), nous marchâmes en bon ordre à la seigneurie.

Les femmes, nous voyant traverser le village, sur deux lignes, avec une ardeur décidée, se mirent à genoux et demandèrent au ciel le succès de nos armes.

Avant d'entrer au château, un des moines qui nous accompagnaient observa que nous allions, sans doute, trouver sur pied la bande des archers du seigneur; qu'il faudrait les combattre, et que pendant cette affaire le tyran pourrait s'évader. — Eh bien! interrompit Caillet en s'adressant à la troupe, vous allez vous tenir cachés dans les taillis qui bordent les fossés du château; Gaspard demeurera avec

---

(1) *Miserere mei, Deus, quoniam concutcavit me homo : totâ die impugnans tribulavit me, etc.*

vous, pendant que je pénétrerai, avec mon gendre et ces six bons religieux, dans la chambre du seigneur. Vous paraîtrez aussitôt que l'un de nous aura sonné trois fois de sa trompe, et que vous entendrez les cris de la liberté...

Je suivis donc mon beau-père, avec les six moines, portant tous un cœur déterminé et de bonnes haches sous nos habits. Les hommes d'armes du seigneur, qui, en effet, étaient déjà debout, nous ouvrirent les portes, et nous laissèrent pénétrer dans le château, sans nous témoigner d'autre sentiment qu'une sorte de pitié muette : ce qui nous sembla d'un bon augure. Ces hommes étaient serfs comme nous; sans doute ils n'approuvaient point l'atroce barbarie de leur maître ; et peut-être nous regarderaient-ils aussi, disions-nous, comme des libérateurs.

Cependant nous étions entrés dans la chambre du seigneur. Il n'était pas encore levé ; son juge et ses deux bourreaux étaient déjà autour de lui. C'était ce qui pouvait nous arriver de plus heureux, puisque nous trouvions là les quatre hommes dont la mort était jurée (1). — Eh bien! nous dit le seigneur, d'une voix rauque et d'un regard de tigre, venez-vous chercher la mort ou racheter vos prisonniers?..... Personne ne lui répondit. La hache était dans nos mains; et au bout d'un instant, au lieu de quatre monstres il n'y eut plus dans cette chambre que quatre têtes hideuses, séparées de leur tronc.

En même temps, un des moines courut à la fenêtre, sonna trois fois de sa trompe, et prononça trois fois le nom de la liberté. La troupe, qui se trou-

---

(1) Il paraît que ce seigneur n'avait pas de femme, car il n'en est point parlé dans tout le reste de ce chapitre.

vait dans les taillis, répéta d'une voix formidable : *Liberté ! Vengeance !* et nous vîmes paraître tous nos amis à la porte du château.

Cependant nous étions sortis de la chambre du tyran. Caillet tenait d'une main sa hache sanglante, et de l'autre la tête du seigneur ; il la pendit à la porte, tandis que les moines et moi nous haranguions les quatre-vingts archers. Ceux-ci, voyant qu'ils n'avaient plus de maître, qu'on leur offrait la liberté, qu'ils ne seraient plus témoins de la barbarie d'un despote et du supplice de leurs frères ; considérant d'un autre côté la troupe des paysans qui enfonçait la grande porte ; comme ils n'étaient que les esclaves et non les soutiens des seigneurs, ils déposèrent les armes, se joignirent à nous, et embrassèrent de bon cœur les serfs armés qui venaient les combattre. Nous rendîmes grâces au ciel d'avoir augmenté nos forces, quand nous pensions les voir bien diminuer par cette première affaire.

Néanmoins, quelques-uns de ces hommes d'armes, assez pusillanimes pour craindre encore, et assez lâches pour nous sacrifier tous à leurs frayeurs, s'étaient enfuis, au nombre de treize, et s'en allaient apprendre aux seigneurs voisins ce qui se passait à Frocourt. Mais ils furent massacrés par ceux des nôtres qui veillaient aux passages, et qui regardèrent la fuite de ces hommes comme une première nouvelle du succès de l'entreprise. Les six paysans qu'on dépêcha à tous les postes, pour annoncer à nos amis notre bonne réussite, nous rapportèrent cette heureuse expédition, qui nous rendit toute notre tranquillité.

Nous étions donc libres; nous n'avions plus ni seigneur, ni bourreaux, et nous pouvions respirer! Mais plus de soixante malheureux gémissaient dans les cachots ; notre joie ne pouvait être complète, que lorsqu'ils en jouiraient avec nous. Jacques Caillet s'avança vers les bâtimens qui servaient de prisons. Des larmes remplissaient ses yeux à mesure qu'il en approchait. Il songeait à sa femme, qu'il ne devait pas revoir. Il brisa à coups de hache la porte de ces tristes demeures, pendant que nous poussions tous les cris de la délivrance. Mais comme s'ils ne nous eussent point entendus, ces pauvres gens ne nous répondaient que par des sanglots ; et se faisant les plus tristes adieux, ils se préparaient à la mort. Quel fut leur étonnement et leurs transports, lorsqu'au lieu de voir la face d'un bourreau, et de s'entendre appeler pour le supplice, ils aperçurent le brave Caillet, et entendirent ces mots mille fois répétés par nous tous : Vous êtes libres ! nous n'avons plus de seigneur !

Les prisonniers sortirent à la hâte ; et quoiqu'épuisés de douleur et de faim, ils se livrèrent à une joie immodérée en revoyant le ciel, la vie, plus de supplices, plus de tortures, plus de seigneur.

Mais ma femme, mon fils, le bon père Augustin ne paraissaient point. Caillet, aussi inquiet que moi de cette lenteur, ne pouvait s'arracher aux embrassemens de tous ceux qu'il sauvait, pour chercher sa fille. Mais moi, qui me trouvais plus libre, je ne pus résister plus long-temps à mon impatience. Je m'enfonçai avec Gaspard dans le souterrain. J'appelai ma chère Marie ; elle me répondit d'une voix faible. J'entendis aussi la voix de mon fils. Nous les trouvâmes l'un et l'autre dans un enfoncement obscur, à demi-nus et transis de froid, parce qu'ils s'étaient dépouillés d'une partie de leurs vêtemens, pour faire une espèce de lit au vieux Bénédictin qui se mourait sur le sol humide.

Hélas! me dit Marie, vous arrivez bien tard! Ce bon père ne jouira pas du bonheur que vous nous annoncez, et sans doute je ne reverrai plus ma mère....

Je compris à ces mots qu'elle ne savait pas son malheur; je ne répondis rien, pour ne pas l'accabler de désespoir. Gaspard prit le père Augustin dans ses bras, et je le suivis, tenant par la main mon fils et ma femme. Le soleil était levé. Gaspard déposa le vieux Bénédictin sur un petit tertre de gazon, et s'efforça de le ranimer par quelques gouttes de vin, dont on avait apporté plusieurs bouteilles, prises dans les celliers de la seigneurie.

Cependant Marie avait repris ses

vêtemens; mon fils me demandait à voir son grand-père et sa bonne-maman; je les conduisis auprès de Caillet.

Bientôt sa fille et son petit-fils lui demandèrent à embrasser aussi leur bonne-mère; mais ils comprirent par ses larmes et son désordre qu'ils l'avaient perdue, et tous trois ils se livrèrent à une douleur si déchirante, que je n'en pus soutenir le spectacle. Je m'éloignai; et tandis que tout le village s'efforçait de leur prodiguer des consolations et de partager leurs peines, je retournai auprès du père Augustin. Il avait repris un peu de forces; ses yeux étaient ouverts : il me reconnut, et ses premières paroles s'adressèrent à moi : — O mon fils, me dit-il, est-ce bien vous que je revois ? Je mourrai avec douceur, si vous me dites que vous êtes moins malheureux. — Nous sommes libres, mon père, lui répondis-je. Voyez tous vos compagnons de misère délivrés de leurs terreurs, et reconnaissez dans ce religieux qui vous soigne, mon frère Gaspard qui vous doit la vie, que le ciel m'a fait retrouver, et qui vient vous demander votre bénédiction. — Ah! que Dieu vous bénisse, mes enfans, dit le vieillard ; qu'il bénisse enfin les malheureux. Qu'il vous donne des jours aussi longs et moins tristes que les miens. Embrassez-moi encore avant que je meure.

Nous serrâmes doucement le vieux Bénédictin dans nos bras. Quelques larmes coulèrent de ses yeux. Il demanda mon beau-père, à qui il voulait dire adieu. Caillet vint aussitôt avec ma femme et mon fils, et cherchant à cacher leurs larmes, ils lui répétèrent encore que le village était libre. — Comment cela s'est-il fait, dit le religieux?. Jacques Caillet lui raconta la mort du seigneur, et les précautions prises pour la garde de la seigneurie. — Ah ! Dieu soit loué , reprit le père Augustin. Il y a bien des siècles qu'on aurait dû vous prévenir. Brave Caillet, vous avez rempli toutes mes espérances. Soyez digne de votre fortune. N'imitez pas la barbarie des maîtres que vous avez exterminés. Répandez dans les villages et dans les provinces voisines le bienfait de votre délivrance ; et que vos descendans vous citent avec orgueil, comme un héros, comme le fléau des tyrans et le sauveur du pauvre. Gouvernez-vous par de sages lois, et soyez unis, si vous voulez être invincibles. O mon Dieu ! je te rends grâces ; tu me fais voir, avant de mourir, la liberté naissante sur le sol de ma patrie !... Mes enfans, sachez jouir de votre bonheur; sachez le conserver. Adorez votre Dieu, soyez fidèles à son culte. Soyez vertueux, et vivez en frères. Soyez indulgens. Abolissez les supplices. Imitez votre Dieu dans sa clémence. Ma dernière heure est arrivée : elle est douce, puisque je vous laisse plus heureux, et que je vais prier mon Dieu de vous bénir. Adieu, mes enfans, chantez sur moi le cantique du vieux Siméon.....

Alors il entonna d'une voix mourante ce premier verset : *C'est maintenant, ô mon Dieu, que votre serviteur meurt en paix, puisque je vois votre peuple libre, etc.* Quelques-uns obéirent tristement à la prière du vieillard ; il nous bénit encore, nous fit un signe d'adieu, regarda le ciel en souriant, et son ame s'éleva au séjour des anges.

— Hélas ! me dit Caillet, de quelles peines notre bonheur est mêlé ! Tu n'as plus de mère, mon fils, et tu viens de perdre celui qui t'a tenu lieu de père..... Mais encore une fois, surmontons notre douleur, ces maux sont les derniers. Viens, ma fille ; embrasse-moi encore ; embrasse ton époux, et prodiguons enfin nos soins aux prisonniers.

Plusieurs étaient épuisés d'inanition. Mais déjà une partie des paysans avait fait la visite du château ; on en avait tiré une quantité prodigieuse de fruits, de vin et de diverses provisions. On avait dressé de grandes tables dans les cours. Bientôt chacun se mit à manger et à boire. C'eût été une fête bien agréable, si nous n'avions point eu de chagrins ; mais ceux qui n'avaient point de pertes à pleurer n'osaient insulter par leur allégresse à la douleur des autres.

Après que le repas fut terminé, on proposa d'enterrer les martyrs massacrés la veille. Je me ressouvins de l'inscription que le père Augustin m'avait demandée pour sa tombe, j'y ajoutai qu'en mourant il avait vu la liberté. On porta tous les corps au cimetière. Gaspard et ses compagnons firent les cérémonies funèbres ; et quand les morts furent inhumés, on brûla sur eux les gibets et les instrumens de torture de la seigneurie. Caillet prononça ensuite ces paroles :

— « Mes amis et mes compagnons, il est temps d'arrêter le cours de nos larmes. Pour être libres, il faut que l'amour de la patrie l'emporte, dans nos cœurs, sur l'amour de nos proches et sur l'amour de nous-mêmes. Nos femmes et nos enfans sont morts hier sous la griffe du tigre qu'on nous avait donné pour maître. Que leur sang cimente notre affranchissement et notre délivrance. Ce sont des victimes à qui nous devons peut-être notre liberté. C'est à leur mort odieuse qu'il faut attribuer notre énergie et notre courage. Oublions un instant ce que nous avons perdu, pour songer à ce que nous avons acquis. Retournons au château de nos anciens tyrans, et que tout le butin en soit également partagé. Cette maison somptueuse ne doit plus loger un maître ; elle sera la demeure des pauvres vieillards du village..... Allons ! que cette journée soit une fête : commencée dans la douleur, qu'elle se termine par l'oubli des maux, et que, tous les ans, ce grand jour soit fêté comme l'anniversaire de notre délivrance. C'est la patrie, c'est la liberté qui vous parlent par ma voix. »

Tout le monde applaudit à ce discours. On retourna au manoir des seigneurs ; on en partagea le butin en bons frères ; on y installa les vieillards, dont les cabanes avaient été ravagées ; chacun tâcha d'oublier ses chagrins et ses peines ; et la journée se passa. On se sépara, en convenant de se rassembler le lendemain avant midi, pour statuer sur les lois qu'il faudrait donner au village, et aux seigneuries qu'on espérait y réunir.

Comme nos chaumières avaient été ravagées, que nos lits étaient réduits en cendres, et que nous n'aurions pu, Caillet, ma femme, mon fils, Gaspard, les six autres moines et moi, nous retirer tous dans deux cabanes étroites, nous nous logeâmes pour quelques jours dans une partie du château. Nous passâmes la soirée à préparer les institutions que nous voulions proposer aux habitans. La sagesse de Caillet aurait suffi pour les faire bonnes; mais les conseils des moines nos bons amis, ceux de quelques vieillards que nous avions retenus avec nous, et peut-être les miens, ne lui furent pas inutiles. Après avoir achevé ce travail, que je fus chargé d'écrire, chacun s'alla coucher. Je pus embrasser à mon aise ma bonne Marie; et le lendemain, à midi, tout le village étant réuni dans la grande cour du château, Jacques Caillet proposa, par mon organe, les réglemens qui suivent :

Constitution. (1)

1°. Le territoire de Frocourt n'a plus de seigneur. La servitude de la glèbe, le droit d'aubaine, les corvées, les dîmes féodales, le champart, le cens, tous les droits de seigneur sont abolis. On ne paiera plus le droit de péage.

---

(1) Cette Constitution, aussi simple que belle, est d'autant plus précieuse, qu'on ne la trouve entièrement conservée que dans le manuscrit dont nous donnons la traduction. Pierre de Meignais, dans ses *Mémoires des Jacqueries* (Manuscrit de la Bibliothèque royale), en parle bien quelquefois ; mais il n'en rapporte que quelques articles.

2°. Chacun pourra jouir à son gré de la chasse et de la pêche.

3°. On pourra moudre son blé et cuire son pain au moulin et au four de la seigneurie, sans être soumis à aucun droit de banalité. Il n'y aura plus de droits de mesurage pour les denrées qui se vendront dans le territoire affranchi.

4°. Un des moines qui ont embrassé notre cause nous servira de curé. Chacun des autres aura un champ et une maison, jusqu'à ce qu'ils trouvent, dans les églises voisines, une plus digne récompense de leur dévouement. On paiera la dîme du curé, mais sur les grains seulement.

5°. On levera tous les ans un vingtième sur les autres objets, pour la nourriture de ceux qui gardent les passages, et pour les pauvres vieillards.

6°. Le 9 et le 10 de septembre sont

pour nous des jours de triste mémoire. Nous les passerons, tous les ans, dans les travaux publics. Chacun contribuera au rétablissement et à l'entretien des chemins. On ne regardera pas ces deux jours de travail comme une corvée, puisqu'ils auront pour but le service de tous, qu'ils nous rappelleront notre ancienne misère, qu'ils nous prépareront à bien célébrer le 11 de septembre, anniversaire de notre liberté.

7°. Tous les paysans libres seront égaux en droits ; il n'y aura point de distinctions ; et chacun sera maître chez soi.

8°. Il n'y aura de supplices que pour les criminels. Ces supplices seront, autant que possible, changés en emprisonnement.

9°. Il n'y aura peine de mort que pour les traîtres, et pour ceux qui tenteraient de nous ramener à l'esclavage.

10°. La justice sera rendue par six vieillards, choisis par tous les habitans, et recommandables par leur prudence et leur modération.

11°. Les jugemens seront publics, mais non les châtimens.

12°. Ceux qui se conduiront lâchement à la guerre, n'auront point de part dans le butin. On donnera double part à ceux qui feront de belles actions. Celui qui enlevera une bannière la conservera dans sa maison comme un souvenir de gloire. Celui qui mourra sur le champ de bataille, sera inhumé avec honneur. Les habitans cultiveront le champ de sa veuve, et ses enfans seront exemptés, jusqu'à leur vingtième année, de toute redevance.

13°. On fêtera le dimanche comme un jour de repos, destiné à rendre grâces à Dieu des travaux de la semaine. On priera le curé de supprimer les fêtes inutiles.

14°. Ces réglemens seront inaltérables. On jurera de les observer, aussitôt qu'on aura l'usage de la raison, dans tout le territoire affranchi. On se persuadera que c'est seulement par la religion, la vertu, l'union, la concorde, et l'amour de la liberté, que les hommes peuvent être heureux. On fera tous les sacrifices pour demeurer libres. On tâchera de se conduire en hommes, et non plus en esclaves; et dès-lors, le ministère des juges sera très-doux, parce qu'ils auront rarement à punir, et jamais à exterminer.

Que Dieu nous bénisse. Nous sommes ses enfans; et notre culte lui deviendra agréable, puisque nous sommes libres. Qu'il nous conserve toujours vertueux, toujours unis : nous connaîtrons le bonheur.

Quand la lecture de ces institutions fut achevée, tous les assistans applaudirent à grands cris. Personne ne demanda de corrections, et tous jurèrent d'être fidèles à ces nouvelles lois. On les déposa donc dans l'église ; un des moines prit les fonctions de curé, et on procéda au choix des six juges. Ce choix fut assez sage ; mais, selon les prédictions de Jacques Caillet, leur ministère fut à peu-près inutile dans le village de Frocourt.

Les jours suivans, chacun reprit le cours de ses travaux ; on rebâtit les cabanes détruites ; on rétablit aux dépens du château les ravages des seigneurs, et nous retournâmes dans nos chaumières, malgré les offres qu'on nous fit de nous abandonner la partie du manoir seigneurial qui n'était point habitée par les vieillards. Caillet déclara qu'il ne voulait point de priviléges, et que le château ne devait être donné ni à lui ni à d'autres, parce qu'une pareille demeure annonçait un maître, et qu'il n'en fallait point que Dieu seul. La liberté nous parut si belle, notre destinée était si douce, que nous avions peine à y croire, et que nous étions décidés à mourir, avant de retomber dans la servitude de la glèbe.

Il y avait dix jours que nous essayions le bonheur, lorsqu'un de nos péagers vint, en toute hâte, annoncer à mon beau-père l'arrivée d'un seigneur voisin, qui entrait dans le territoire pour rendre visite au seigneur de Frocourt. Il était escorté de douze hommes d'armes. Alors, dans toutes les seigneuries environnantes, dans toute la Brie, dans la Picardie, dans la plus grande partie de l'Ile-de-France, et dans plusieurs autres provinces, la tyrannie féodale était si monstrueuse, qu'il n'était pas possible de l'élever plus haut. La misère des vilains était devenue effrayante : partout on les exterminait par troupes; on les assujétissait à des travaux dont ils ne pouvaient plus supporter le poids; on les privait des alimens les plus grossiers; on obligeait les paysans d'atteler leurs femmes et leurs filles à la charrue, pour labourer leur champ.....; on brûlait leurs cabanes; on les poursuivait comme des bêtes fauves; on ne leur laissait pour asile que les trous et les cavernes : il eût été difficile de trouver un animal domestique aussi mal traité qu'un serf, et l'on eût pu croire que les seigneurs avaient juré l'entière extermination des hommes qui n'étaient pas nobles.

Dans cet état de choses, nous étions sûrs d'être regardés comme des libérateurs, par ceux que nous voulions arracher au despotisme de leurs odieux maîtres. Mon père rassembla donc à la hâte quarante paysans, armés des piques de la seigneurie. Nous marchâmes au-devant du seigneur, et le trouvant à l'entrée du village, Gaspard fondit sur lui et le tua.

Comme nous nous avancions en nombre sur son escorte, ces pauvres gens jetèrent leurs armes, et nous crièrent qu'ils se rendaient à discrétion. On leur annonça alors tout ce qui s'était passé à Frocourt, et ce qui causait la mort de leur seigneur. Ils n'eurent pas plutôt appris ces choses, qu'ils nous supplièrent d'établir dans leur seigneurie l'ordre qui régnait dans la nôtre, en nous jurant qu'on nous recevrait comme des saints et des anges du ciel. Leur proposition devait être acceptée; nous nous rendîmes avec eux au manoir du seigneur que nous venions de tuer, et que deux d'entre nous se chargèrent de porter au cimetière.

Les douze hommes d'armes, qui se

réjouissaient d'être affranchis, et qui nous conduisaient, rassemblèrent bien vîte les habitans de leur village, annonçant à tous la mort du seigneur et le jour de la liberté. Caillet envoya avec les douze archers, douze hommes de sa troupe pour garder le château, tuer les bourreaux et les geoliers, et empêcher l'évasion de la dame et de sa famille. Alors il demanda aux paysans réunis s'ils voulaient être libres, comme toute la France allait bientôt l'être, et connaître le bonheur dont on jouissait à Frocourt. Tous le comblèrent de bénédictions et lui crièrent qu'ils feraient tout ce qu'il commanderait. Il établit donc dans ce village les réglemens de Frocourt; il fit garder les passages par ceux qui se montraient les plus ardens pour la liberté; il réunit les deux territoires alliés; il partagea entre tous le butin du château, y logea les vieillards, délivra les prisonniers, et fit donner à la dame du lieu et à ses enfans la plus grande chaumière, en la prévenant qu'elle eût à épouser un vilain avant trois mois, si elle voulait vivre libre. Elle lui répondit avec tant de dédains et de morgue, qu'il ne lui dit rien de plus, par respect pour sa douleur et pour son veuvage; et tout étant bien réglé dans ce village, on nous reconduisit avec des acclamations et des actions de grâces jusques dans Frocourt. Les deux seigneuries alliées jurèrent de se soutenir mutuellement, de défendre la liberté commune: en un mot, ce jour fut encore une fête.

Depuis ce temps jusqu'au mois de mars, sept seigneurs voisins, venant également visiter celui de Frocourt, subirent le sort des deux premiers; et à la fin de l'hiver les lois de Caillet étaient en vigueur dans neuf seigneuries, sans qu'on eût rien tué que des seigneurs, des bourreaux, des juges, des geoliers, et quelques péagers. Trois petits couvens de moines, que les seigneurs tyrannisaient alors presque autant que les serfs, s'étaient joints à nous, et nous encourageaient à conserver nos conquêtes, dont nous étions loin d'être las. En effet, quoiqu'il n'y eût que quelques mois que nous étions libres, l'aisance régnait déjà parmi nous, et nous attendions l'abondance dans la sécurité et dans la paix. Il est vrai que le pillage des châteaux nous avait rendu une partie des biens dont nous avions été dépouillés.

A l'approche du printemps, un gentilhomme, dont la terre était située presque sous les murs de Beauvais, ne voyant plus paraître aucun des neufs seigneurs dont nous nous étions délivrés, soupçonna quelque chose de ce qui se passait. Il envoya dans notre territoire un de ses hommes d'armes, qu'il chargeait d'une commission de civilités pour le seigneur son voisin : cet homme fut retenu, parce qu'il n'eût pas été prudent de le renvoyer à son maître, et parce qu'il aima mieux vivre libre parmi nous qu'esclave dans son village.

Le gentilhomme, ne voyant pas reparaître son messager, voulut moins que jamais se hasarder lui-même parmi nous. Il en envoya un second, puis un troisième, qui demeurèrent comme le premier.

Alors, le maître de ces trois hommes n'hésita plus, il arma au plus vîte tous ses paysans, au nombre de deux cent quatre-vingts, et fit une irruption imprévue dans nos terres. Les plus voisins se réunirent promptement et marchèrent contre l'ennemi, en détachant plusieurs des leurs, qui semèrent l'alarme dans tous les villages alliés; mais il n'y eut point d'affaire. Le seigneur, qui venait nous combattre, ayant aperçu des gens armés, qui ne marchaient pas sous la bannière seigneuriale, rebroussa chemin avec sa prudence accoutumée, de sorte que nous nous trouvâmes tous rassemblés, auprès de Frocourt, sans avoir besoin de nous battre.

Caillet profita de cette réunion pour faire la revue de l'armée affranchie. Elle se composait de plus de deux mille hommes, tous déterminés. Quoique mon beau-père refusât constamment d'être à la tête de notre petite république, on l'en regardait généralement comme le chef, puisqu'il l'avait fondée, et, dans tous les combats, il fut le général.

Après qu'il eut examiné le bon ordre de notre armée, il jugea à propos de nous haranguer, et tout le monde l'écouta avec respect : — « Mes camarades et mes frères, nous dit-il, nous sommes libres : rendons-en grâces à

Dieu, et sachons l'être toujours. Nous avons secoué le joug des droits féodaux; les priviléges de la noblesse ne pèsent plus sur nous; l'abondance règnera bientôt dans nos chaumières, si nous restons unis. Mais attendons-nous à de grands obstacles. On sait que nous nous sommes affranchis : les seigneurs vont se coaliser contre nous. L'Anglais ravage notre patrie ; la noblesse pourrait employer utilement sa valeur contre ces farouches ennemis; mais les seigneurs aimeront mieux reconquérir leurs droits et laisser envahir leur patrie.

» Ne les craignons point, cependant; songeons que si les tyrans sont contre nous, les serfs embrasseront notre cause. Dieu aussi prendra notre défense, puisque nous ne sommes point de lâches agresseurs, que nos droits sont justes et fondés sur la nature, et que ceux des seigneurs sont usurpés, iniques, abominables.

» Dans deux jours, peut-être, quand l'armée de nos ennemis sera plus forte, elle entrera sur notre territoire. Tenons nos armes prêtes ; le son des cloches, dans chaque village, sera le signal du ralliement. Plusieurs fois nous avons montré notre bravoure contre les troupes anglaises ; nous avons combattu vaillamment pour nos indignes maîtres : qui nous empêchera de vaincre, maintenant que nous prenons les armes pour nous et pour notre liberté ?.... »

Toute l'armée poussa de grands cris ; on jura de nouveau d'être à jamais unis, de se bien battre, de mourir libres ; et cinq jours après, treize seigneurs, à la tête de plus de trois mille paysans, parurent sur nos frontières. Chaque village sonna sa cloche ; tous furent en armes ; Gaspard et les autres moines prirent les bannières des églises, et l'on s'avança, en bon ordre, au-devant de l'ennemi.

Quand les deux armées furent en présence, Gaspard s'écria : — C'est le sang de nos frères, chrétiens et français comme nous, que nous allons répandre. Avant de leur donner la mort, tâchons d'abord de leur offrir la paix.... En même temps il s'avança devant les rangs des seigneurs, et il leur cria : — Amis, comme vous, nous avons été serfs; comme nous, vous pouvez être libres. Cessez d'être esclaves, puisque vous pouvez être vos maîtres. Déposez les armes : nous vous offrons notre alliance et la liberté....

Après ces mots, il se retira dans nos rangs. Malgré leur avilissement, leur ignorance, leur extrême misère, les serfs qu'on amenait contre nous avaient soupçonné quelque chose de notre insurrection. Les paroles de Gaspard, qui se répétèrent dans tous les rangs, réveillèrent dans tous les cœurs l'amour de l'affranchissement. L'armée des serfs refusa d'abord de combattre ; et comme on les menaça de les décimer, s'ils ne remportaient pas la victoire ; comme les juges, les bourreaux et les geoliers eurent l'imprudence de lever leurs bâtons, les serfs perdirent tout le respect qu'ils devaient à leurs superbes maîtres ; et, se déclarant pour nous, ils tournèrent leurs armes contre leurs seigneurs et bourreaux. Nous n'eûmes pas besoin de les appuyer. Seigneurs et juges, bourreaux et geoliers, tous ces gens-là prirent la fuite aussitôt qu'ils se virent abandonnés. On ne les poursuivit point, et ils se réfugièrent dans Beauvais, emmenant avec eux leurs officiers et quelques hommes d'armes, qui aimèrent mieux leur lâche servitude que notre liberté; parce que, tous Vilains qu'ils étaient, ils nous croyaient plus Vilains qu'eux, et pensaient qu'ils se frottaient de noblesse en vivant autour des seigneurs, dont ils ne recevaient pourtant que quelques outrages.

Nos nouveaux amis s'étant joints à nous, notre armée se trouva forte de cinq mille hommes, et les succès que nous avions obtenus, sans coup férir, nous faisaient espérer que nos forces s'agrandiraient de jour en jour. Par bonheur encore, nos seigneurs, qui cherchèrent dès-lors à nous susciter partout des ennemis, engagèrent inutilement la ville de Beauvais à s'armer contre nous. Les gouverneurs de cette ville, qui ne se souciaient pas de hasarder leur autorité, voulurent bien donner un refuge aux seigneurs, mais non embrasser leur cause et exposer leurs citoyens à s'affranchir, comme avaient fait les paysans. Il est vrai que Beauvais refusa également de nous protéger, qu'elle nous ferma ses portes, et qu'une partie de nos gens en murmurèrent. Pour moi, je pense qu'elle fit bien de rester neutre, et que toutes les autres villes se conduisirent sagement en prenant d'abord le même parti, puisqu'elles étaient moins malheureuses que les campagnes, et qu'elles croyaient peu gagner à la révolte.

Mais après que notre coalition se fut étendue, dans la Brie, l'Ile de France, la Picardie et les provinces environnantes, quand notre armée se composa de cent mille hommes, les villes auraient dû changer de conduite; et si toutes elles eussent suivi l'exemple de Senlis, qui se déclara pour nous et nous ouvrit ses portes, la France était libre.

Le moment était plus favorable que jamais; la capitale voulait sa liberté et la chute du gouvernement féodal; et nous savions nous appuyer de l'exemple de Paris, comme Paris s'appuyait du nôtre. Les excès de la noblesse étaient partout au comble ; jamais on n'avait vu les seigneurs si cruels, et les serfs si misérables. Le roi de France était trahi, et ses vassaux refusaient de le secourir, de leurs hommes et de leur or, contre les armées anglaises.

Il y a plus ; toute la France savait, et il était constant que la noblesse française voulait vendre notre belle patrie à l'Angleterre. Plusieurs princes s'étaient faits de grands partis ; tous les points de la France n'étaient plus que confusion et désordre ; nous savions que notre roi Jean avait livré la malheureuse bataille de Poitiers, et qu'avec des forces bien supérieures à celles des Anglais, et l'avantage de la position, il avait lieu de compter sur une victoire certaine ; mais que trahi, abandonné de tous, il avait été fait prisonnier et conduit à Bordeaux. Nous avions formé le projet de marcher sur cette ville, d'agrandir notre armée dans toutes les provinces, de tenter la délivrance du monarque, de lui exposer les crimes de sa noblesse envers le trône et envers la masse du peuple, et de lui demander des lois qui rétablissent l'égalité entre tous les ordres de l'état.

Nous savions tous que le prince le plus cruel est toujours plus doux que les seigneurs; et lorsque nous commençâmes à craindre que notre liberté fût peu durable, puisque les seigneurs invoquaient contre nous le secours de tous les peuples voisins, dont nous n'entendions pas le langage, et que nous ne pouvions séduire, nous nous serions contentés de devenir au moins serfs du roi.

Mais nous n'avions rien fait encore pour l'exécution de nos projets, lorsqu'on nous apprit que le roi venait d'être enlevé de Bordeaux et emmené en Angleterre. On attribua encore cette trahison aux seigneurs, et dèslors nous nous arrêtâmes à ces seules résolutions, d'exterminer la noblesse et de continuer jusqu'à la mort d'affranchir notre pays.

Une foule d'ecclésiastiques, indignés des violences et des injustices des seigneurs, approuvèrent notre conduite, et formèrent des confréries qui embrassèrent notre cause. Des moines de tous les ordres se rangèrent sous nos drapeaux ; et comme je l'ai déjà dit, nos forces s'élevèrent en moins d'une année, à plus de cent mille hommes, tous braves soldats, tous résolus à se battre jusqu'à la mort.

Un gouvernement sage aurait pu traiter avec nous, et nous faire marcher contre les Anglais; on aima mieux laisser à l'Angleterre le loisir de s'établir en France; les seigneurs, ecclésiastiques et laïcs, s'occupèrent uniquement de nous détruire.

Malgré l'étendue de nos armées, mon beau-père continua d'en être le général. Parce qu'il portait le nom de Jacques, et que l'effigie de son patron ornait quelques-uns de nos étendards, on donna aux guerres qu'on nous fit, le nom de *guerres de la Jacquerie*. On plaça dans les villes des gouverneurs sévères, beaucoup de nobles, et des soldats étrangers. Les seigneurs promirent la liberté, les évêques des indulgences pleinières à tous ceux qui se battraient contre nous. On nous déclara traîtres, félons et brigands. On jura de ne faire grâce à aucun de nos prisonniers; en un mot on nous fit une guerre à mort. Elle fut bien cruelle, puisque des prélats se firent gloire du nombre des vilains qu'ils avaient tués dans les combats, et des prisonniers qu'ils avaient égorgés de sang-froid.

De notre côté, on ne se crut plus obligé à la modération. Aucun seigneur ne fut épargné; tous les châteaux furent livrés au pillage : et pour mieux anéantir la noblesse, les plus déterminés des nôtres s'emparèrent des dames et des demoiselles nobles, et en firent leurs maîtresses. Les moines et les prêtres qui s'étaient mis de notre parti, avaient vu tant d'horreurs dans les châteaux, qu'ils ne regardaient point comme un sentiment répréhensible l'ardeur que nous avions d'exterminer tous les seigneurs, et qu'ils nous excusaient de prendre leurs femmes, pourvu qu'on ne se permît pas de les tuer, car ces meurtres étaient inutiles.

Cependant les traitemens cruels que les seigneurs réservaient à nos prisonniers, faisaient à la noblesse autant de mal qu'elle en attendait de bien. On avait cru nous intimider par des menaces et nous séduire par des promesses ; mais nous connaissions, par une longue expérience, le compte qu'il fallait tenir des promesses d'un seigneur; et si nous rendions les armes, nous devions nous attendre au supplice, en retombant dans les mains de ces hommes, qui se croyaient nos maîtres, et qui nous regardaient comme des esclaves rebelles, comme leur propriété, comme des bêtes de somme, qu'ils pouvaient traiter selon leurs caprices. Et si les promesses nous inspiraient une défiance générale, les menaces relevaient notre valeur. Nous ne voulions pas être massacrés comme ceux de nos compagnons qui s'étaient laissé prendre : nous combattions avec une intrépidité qui effrayait nos adversaires.

Aussi, malgré leur nombre et leurs forces, nos ennemis ne pouvaient nous vaincre. Pendant une année, l'issue des combats fut presque toujours incertaine ; ou plutôt la victoire fut presque toujours pour nous, puisque notre armée s'accroissait constamment, et que les nobles fuyaient devant nous, après la moindre escarmouche.

Le brave Caillet était toujours à la tête de nos bataillons, animant tout de son courage, donnant ses ordres avec prudence, partageant le butin avec impartialité, et arrêtant les désordres autant qu'il le pouvait. Il était le premier aux combats et aux fatigues, et ne voulait que la gloire de délivrer sa patrie. Tous l'aimaient ; et sous un tel chef, la noblesse eût été en peu d'années chassée de tout le royaume, si elle n'eût recouru à des forces étrangères.

Mais désespérant de nous vaincre seuls, et désolés d'attendre vainement les secours qu'ils avaient demandés aux pays voisins, les seigneurs français quittèrent la partie pour quelques

mois ; ils coururent implorer eux-
mêmes, à charge de revanche, l'aide
des seigneurs de la Bohême, de la Hon-
grie, de toute l'Allemagne, de la Flan-
dre, du Brabant, de l'Espagne, de
l'Italie et des autres Etats. Bientôt
nous apprîmes qu'une armée immense,
composée de seigneurs et de serfs,
d'évêques et de moines, de tous pays
et de toutes langues, s'avançait contre
nous avec des forces capables de nous
réduire en poudre dans la première
journée.

Ces nouvelles ne nous épouvantèrent
point. Nos ennemis avaient le nombre ;
mais nous avions le courage, l'habitude des combats et la beauté de notre
cause. Caillet rassembla tous les insurgés en une seule armée. Nous for-
mions cent dix mille hommes ; les
seigneurs en comptaient, dit-on, plus
de trois cent mille. Nous jugeâmes
qu'il serait bon d'attendre l'ennemi en

repos, et de fondre sur lui aussitôt qu'il paraîtrait, sans lui laisser le temps de prendre haleine ; et ce moyen nous réussit.

Quand l'armée des seigneurs ne fut plus qu'à un quart de lieue de la nôtre, tous nos gens bien disposés prirent les armes, se mirent à leurs rangs, et mon beau-père prononça ce discours, que tous les chefs répétèrent à leurs bataillons :

— « Mes camarades et mes frères, on ne nous a point encore vaincus, et notre liberté est affermie. Marchons sans crainte contre ces bandes de tyrans et d'esclaves. Une grande victoire portera le dernier coup à la puissance des seigneurs, et dispersera pour jamais nos ennemis épouvantés. »

Des clameurs belliqueuses s'élevèrent de toutes parts ; on sonna la charge ; le brave Caillet, tenant de la main gauche une bannière, et de la droite agitant sa hache d'armes, s'élança sur l'ennemi ; nous le suivîmes en chantant sa vieille chanson.

La victoire fut pour nous ce jour-là. Mais le lendemain, les seigneurs ayant rallié leurs forces, se mirent à nous harceler encore ; et pendant dix jours il nous fallut supporter sans cesse de petits combats, qui nous affaiblirent, tout en laissant la victoire douteuse ; car, quoique un dixième de notre armée eût succombé, nous n'étendions pas moins nos forces dans le pays. Les seigneurs, de leur côté, avaient perdu le tiers de leurs troupes : plusieurs de leurs serfs désertaient dans nos rangs ; et, nous attaquant sans cesse, ils étaient repoussés au premier choc, sans paraître vaincus, parce qu'ils se battaient en reculant.

Mais enfin nous étions condamnés à mourir, et la France à retomber dans l'esclavage. On apprit que le roi Jean voulait racheter sa liberté, en cédant à l'Angleterre la moitié des provinces françaises, auxquelles il ajoutait une somme de quatre millions d'écus d'or. Un traité aussi honteux n'eut point d'approbateurs; mais il rappela aux Français que leur roi était captif, l'État sans gouvernement, et la France presqu'envahie. Paris et les autres villes se soumirent au dauphin, qui règne à présent sous le nom de Charles V. Dès-lors les seigneurs de son parti s'avancèrent contre nous, et secondèrent les autres seigneurs français et étrangers. Charles de Navarre, ce roi qu'on a si justement surnommé le *Mauvais* et *le Perfide*, nous avait promis de nous protéger, ou au moins de rester neutre, entre nous et nos ennemis; mais s'étant réconcilié avec le dauphin, Charles-le-Mauvais prit aussi les armes contre nous.

Alors, assaillis de toutes parts, et

n'ayant plus de secours à attendre du reste des Français, qu'on effrayait par l'appareil de nos supplices, il fallut nous décider à succomber en braves. Il se livra une grande bataille, où soixante mille hommes furent exterminés; mais nous en perdîmes vingt mille. Le roi de Navarre nous fit presque autant de prisonniers, dans un bois où nous nous étions enfoncés imprudemment. Tous ces captifs furent condamnés à une mort infâme; et les gibets, le feu, la hache, tous les instrumens de supplice furent employés contre ces braves, qu'on avait désarmés.

Nous avions offert au dauphin de nous soumettre à lui, s'il voulait nous accorder sa protection. Au lieu de nous répondre, il ne vit en nous que des serfs rebelles et dignes de mort. Il se joignit à ceux qui nous combattaient. Bientôt notre armée fut réduite à cinquante mille hommes.

Nous étions entourés de toutes parts; mais le brave Caillet était toujours à notre tête, et, quoique malheureux, nous avions encore du courage. Caillet nous voyant sans provisions, et partout nos ennemis autour de nous, nous proposa de faire une percée à travers l'armée étrangère, de nous échapper d'abord, et de chercher ensuite un moyen de relever nos forces, en portant la guerre ailleurs, en soulevant les provinces que les troupes des seigneurs n'occupaient point.

Cette proposition fut agréable à tous; et nous nous préparâmes à l'exécuter. Mais les princes avaient promis une seigneurie et tous les avantages des hommes libres à ceux qui prendraient vivant l'intrépide Caillet, que l'on redoutait plus qu'une armée, puisqu'il était l'âme et le chef de cette guerre. Si nous avions su ces choses, nous lui eussions fait de nos corps un rempart si solide, que l'ennemi n'eût point approché sa personne. Nous nous étions mis en mouvement vers le milieu de la nuit; Caillet marchait le premier, selon son usage. Le camp des seigneurs étrangers s'éveilla à notre approche, et notre présence y répandit une frayeur si générale, que nous serions passés sans péril, si l'ardeur du gain n'eût engagé quelques Allemands à tout braver pour s'emparer de notre général. Comme il faisait une nuit noire, et que l'on était sûr de trouver mon beau-père au premier rang, ces esclaves s'étaient cachés derrière un bouquet d'arbres; ils se jetèrent sur le brave Caillet aussitôt qu'ils entendirent ses pas. Le général se mit aussitôt en défense et agita sa hache. Quelques-uns de ses ennemis mordirent la poussière; mais un coup violent donné au hasard lui ayant abattu l'épaule et le bras droit, il fut pris et entraîné rapidement, pendant que nous combattions à deux pas de lui pour l'arracher à ses lâches aggresseurs.

Cette perte, dont il ne nous fut pas possible de douter long-temps, nous jeta tous dans la consternation; et nos ennemis poussant les cris de la victoire, parce qu'ils avaient pris notre général, se mirent à nous poursuivre avec ardeur. Notre armée prit la fuite: une grande partie fut taillée en pièces; le reste se dispersa par troupes dans les forêts. Mon frère Gaspard tenta vainement de rallier les débris de nos bataillons; il rassembla avec peine huit mille hommes, à la tête desquels il ne se fit redouter que quelques jours.

Mon malheureux beau-père fut conduit aux princes. Charles-le-Mauvais l'ayant vu, tout criblé de blessures, tout démembré qu'il était, conserver encore sa fierté et le calme de son âme; soit que ce prince, avec ses mauvaises qualités, eût assez de vertus pour montrer quelque égard au mérite et au malheur, soit que le généreux Caillet lui parût encore formidable, et qu'il voulût se délivrer de lui au plus vîte, ce prince exempta mon beau-père des longs et affreux supplices qu'on lui avait destinés, et le condamna à avoir la tête tranchée.

— Je suis vaincu et désarmé, dit Caillet en présentant sa tête. On dira que je fus un brigand : si j'eusse pu vous vaincre, je serais le libérateur de ma patrie et l'idole de la France. Mais souvenez-vous de mes dernières paroles, princes et seigneurs qui m'écoutez : le règne de la tyrannie passera. Il viendra d'autres hommes qui auront mon courage, et qui seront plus heureux. Dans un demi-siècle la France sera libre..... Je meurs pour Dieu, pour la liberté, pour ma patrie, et pour mes frères....

Il demanda ensuite un confesseur. On le lui refusa. — Eh bien, dit-il, mon cœur est sans reproches, ma conscience est pure. J'ai fait le bien, j'ai mille fois arrêté le crime. O mon Dieu, vous êtes clément et miséricordieux : ouvrez-moi votre sein...... Alors il tendit sa tête au bourreau.

La mort de ce grand homme passa de bouche en bouche et vint à nos oreilles ; et ce fut en voulant le venger, que Gaspard fut tué sur le champ de bataille, avec un grand nombre des braves qu'il commandait encore. Dès-lors, de ces armées d'hommes libres, qui répandaient naguères la terreur dans les châteaux et le bonheur dans les chaumières, il restait à peine vingt mille braves, épars de tous côtés et divisés en une multitude de petits bataillons. Nous n'avions plus d'espoir de nous réunir, car deux cent mille hommes nous poursuivaient sur tous les points; on ne nous faisait aucun quartier : nous n'avions plus de chef, et les traitemens horribles qu'on faisait éprouver à nos prisonniers épouvantaient tous les cœurs magnanimes que la beauté de notre cause aurait pu attirer sous nos drapeaux.

Après quelques mois encore de poursuites et de petites batailles, les seigneurs étrangers se retirèrent, les princes en firent autant; et les seigneurs français, rentrant dans leurs fiefs, s'occupèrent à exterminer, chacun dans sa seigneurie, ce qui restait de rebelles.

Je n'avais reçu dans ces guerres que de légères blessures. Quand tout espoir fut anéanti, quand j'eus perdu mon père et mon frère, je me décidai à retourner à Frocourt. Dans tous les villages de ces cantons il n'y avait point encore de seigneurs. Je retrouvai ma bonne Marie et mon fils que je n'avais point vus depuis long-temps, en proie à de mortelles douleurs. On leur avait appris la mort du grand et trop malheureux Caillet. Je leur annonçai aussi celle de Gaspard. Je m'occupai ensuite uniquement de les consoler, tout en me préparant à fuir avec eux un pays où nous courions mille dangers.

J'ai assisté à tous ces combats; j'ai écrit avec vérité tout ce que ma mémoire m'en a rappelé de remarquable; mais tant que les seigneurs seront les maîtres, et que les serfs trembleront sous les chaînes de l'esclavage, si l'on fait l'histoire des malheureuses guerres de la Jacquerie, on les peindra comme des brigandages, parce que nous étions de pauvres vilains qu'on ne craindra pas de noircir. On représentera Jacques Caillet comme un conspirateur et un rebelle..... Mais quoique ce livre ne soit destiné qu'à mon fils, je dois encore tracer ces lignes. Les Josué, les Epaminondas, les Brutus et tous ces héros qu'on n'a respectés que parce qu'ils sont morts dans la puissance, étaient moins grands que mon beau-père, puisque sans moyens il a fait de grandes choses, puisqu'il n'avait pris les armes que pour le bonheur de ses frères, et non pour son ambition ni pour sa fortune, puisque sa mort replongea toute la France dans la servitude.

Heubecourt, l'an du salut 1360.

CHAPITRE DERNIER.

Lettre de Marcel à son fils Marcel Jacques.

Heubecourt, le 17 avril de l'année 1369.

Comme c'est pour toi, mon fils, que j'ai écrit les annales de ma vie, je les avais interrompues après la guerre de la Jacquerie, parce que, depuis cette guerre, je pensais que tu ne me quitterais point, et qu'ainsi il était inutile de t'écrire ce qui se passait sous tes yeux. Mais il faut que je reprenne la plume, puisque de nouvelles persécutions m'accablent, que je vais mourir loin de toi, que je ne te verrai plus, et que j'obtiens, à grands frais, le dernier bonheur de te faire passer cette lettre.

Tu sais que dans le temps de notre insurrection, quand nous parcourions la Picardie, l'infâme Olivier de Domart tomba sous nos coups. Tu n'as point oublié que l'autorité de Caillet et la mienne sauvèrent Charles d'Heubecourt, le fils du plus digne seigneur que j'aie connu, le compagnon de mes études, l'élève du bon père Augustin. Nous l'avions rétabli dans les seigneuries d'Heubecourt et de Domart; il les gouvernait avec douceur; et c'était là, dans les lieux les plus chers à ma jeunesse, que je m'étais retiré avec ta mère et toi, mon cher fils.

Pendant deux années nous vécûmes dans la paix, le calme et l'aisance. Ton caractère sérieux et triste me donnait seul quelques chagrins; mais je te plaignais sans te blâmer, car ayant passé tes premières années dans les alarmes, ayant vu tomber ta bonne maman, ton vertueux grand-père, et tous tes amis, sous la hache des seigneurs, frappé cruellement de la mort du père Augustin qui t'ouvrait la porte des études avec tant de bonté, témoin de la misère de tes frères, la tristesse qui te dévorait n'annonçait qu'un cœur trop sensible.

Enfin, à vingt ans, tu voulus embrasser l'état monastique. Ta mère pleura ; je versai quelques larmes ; mais nous nous rendîmes à tes vœux. Ce fut par le moyen de Charles d'Heubecourt, dont nous étions plutôt les amis que les serfs, que tu fus reçu dans un couvent d'Amiens, où du moins les vertus règnent, sans trop de superstition.

Il y a sept ans que nous sommes séparés. Souvent je suis allé te porter mes bénédictions et celles de ta mère; souvent aussi tu obtins la liberté de venir voir tes pauvres parens. Le ciel ne m'a point accordé le bonheur d'être père encore ; mais je me consolais de ma solitude, puisque je passais mes jours dans le sein de ma bonne Marie, dont la douceur, la tendresse, les vertus angéliques, m'ont apporté de si heureux instans ; puisque je te savais content de ton état.

J'espérais mourir plus doucement que toute ma famille. Mais hélas ! le cours de ma vie, mêlé de tant de maux, doit se terminer dans les supplices, que j'ai tant de fois évités ; et les seigneurs, qui ont fait mourir ma mère, mon père, mes trois frères, la mère de ma chère Marie, son respectable père, et toutes nos familles, les seigneurs doivent encore hâter mon heure dernière.

Depuis que la guerre de la Jacquerie est terminée, depuis que les armées des Français libres sont anéanties, les seigneurs ont repris toute leur ancienne puissance, les serfs toutes leurs misères. La servitude de la glèbe et tous les droits tyranniques sont remis en vigueur. Il semble que les liens des serfs soient plus resserrés encore, depuis que nous avons tenté de les briser ; et le pauvre est chargé de chaînes si pesantes, qu'il lui est impossible de les soulever désormais. Tous ceux qui ont pris les armes pour leur affranchissement sont mis à mort aussitôt que découverts ; et tous ceux qui osent admirer la guerre de la Jacquerie, ou seulement ne pas maudire les paysans insurgés, sont punis, par de cruels supplices, d'un sentiment qu'on traite de rebellion contre les seigneurs.

Cependant le généreux Charles d'Heubecourt ne levait dans ses deux fiefs que la moitié des droits seigneuriaux ; et c'était peut-être en Picardie le seul gentilhomme qui traitât ses sujets avec humanité. Hélas! sa chute est la preuve que dans ce misérable siècle on se perd en faisant le bien.

Le seigneur de Durges et quelques autres tyrans du voisinage ont prétendu que la conduite de Charles d'Heubecourt préparait les paysans à de nouvelles révoltes, qu'il les laissait vivre dans une certaine aisance, et proférer les mots criminels de liberté et de patrie ; qu'il était d'ailleurs un protégé des insurgés, et que son ambition sans doute, en gagnant le cœur des paysans, était de se mettre à leur tête, de faire une seconde Jacquerie, et de soumettre bientôt toute la province. Quelques-uns de ceux à qui le seigneur de Durges faisait part de ses idées, proposèrent de déclarer la guerre à Charles d'Heubecourt. — Gardez-vous-en bien, dit-il ; le seigneur d'Heubecourt est maître de deux fiefs considérables. Ses vilains, qui le chérissent, se feront hacher pour sa défense. Nous n'avons qu'un moyen, c'est de faire assassiner notre ennemi, sa femme, ses enfans, par des hommes solides, à qui nous promettrons de grandes récompenses, et que nous ferons pendre ensuite pour notre sûreté....

Cette abominable proposition fut agréée, ce projet exécuté, et les *vainqueurs* se partagèrent les seigneuries d'Heubecourt et de Domart.

Je venais d'apprendre l'assassinat de mon digne maître, et je me préparais à fuir avec ma chère Marie, à chercher une forêt, une caverne, un désert, où je pusse mourir autrement que par le gibet ; mais nos péagers sont changés, les archers des seigneurs voisins gardent toutes nos issues. Pour comble de maux, on a découvert qui je suis ; on ne m'a point jugé, on vient de me condamner à la mort.

La nuit s'avance, mon fils, je suis

surveillé. Demain matin ma sentence s'exécute; tu n'es qu'à quelques lieues de moi, et je ne te verrai plus, et je ne pourrai te serrer encore dans mes bras!

Mais ta malheureuse mère reste dans cette vallée de larmes. Tu peux et tu dois la sauver, ô mon cher fils! Ton supérieur est humain, viens avec quelques-uns de tes frères; apporte des reliques, s'il le faut; emploie même l'imposture, elle est pardonnable lorsqu'elle produit le bien. Viens, nos tyrans sont superstitieux, leur âme timorée se troublera; tu peux leur arracher ta mère. Tu consoleras son cœur déchiré, tu essuieras ses larmes, tu chercheras à lui faire oublier un époux qui l'a tant aimée, et qui fut si heureux avec elle. Tu lui diras que je l'attends avec toute sa famille dans le sein de mon Dieu. Tu lui trouveras dans quelque maison religieuse un asile où elle puisse supporter en paix le reste de ses jours.

Adieu, mon fils, mon cher fils : je ne puis t'embrasser encore ; mais j'embrasse ta pauvre mère, elle te rendra mes tristes baisers, comme je te charge de lui donner les miens, alors que je ne serai plus.

Adieu, mon cher fils, adieu aussi, ô la plus vertueuse et la plus infortunée des femmes ; demain vous ne me posséderez plus ; demain vous ne me pourrez plus voir, demain je marche au supplice. Mon corps sera la proie des vers ; mais mon âme s'élevera dans les parvis éternels. C'est là que je vais vous attendre dans le sein de mon Dieu, dans le sein de nos bons amis, qui m'ont tous précédé..........

FIN.

APPENDICE

AUX

MÉMOIRES D'UN VILAIN.

§. Ier.

DES RELIQUES.

(*L'abbaye de Signy possédait la tête d'Isaïe, une fiole de lait de la sainte Vierge, et la fameuse chartre de saint Bernard, etc.* CHAP. VI.)

CES faits sont positifs comme tout le reste. A la vérité, ce n'est guère que par la tradition qu'on peut prouver l'existence de la tête d'Isaïe et de la fiole du lait de la sainte Vierge, dans l'abbaye de Signy. Mais un morceau d'histoire, écrit avec autant de bonne foi que celui-ci, n'a pas besoin de preuves. Nous en donnerons toutefois pour ceux à qui il en faut absolument.

D'abord personne ne doutera de la chartre de saint Bernard; l'histoire féodale en a conservé le souvenir; et messieurs de Sainte-Marthe, que les ultramontains même n'oseront récuser, affirment positivement qu'ils ont vu, dans le trésor de l'abbaye de Signy, ce parchemin célèbre, écrit par saint Bernard, qui promet autant d'arpens dans le ciel qu'on en donnera ici bas à ses moines...

Les deux reliques qui se trouvent jointes à cette chartre sont moins surprenantes, si on veut bien lire cette petite nomenclature :

— On honore à Rome l'autel sur lequel saint Jean-Baptiste disait la messe dans le désert, comme le témoigne le livre des Indulgences papales ; à Burgos, un crucifix auquel on coupe tous les ans la barbe et les ongles; à Montsérat, le sabre de saint Ignace; à Naples, le saint sang de saint Janvier; à Cologne, les os des onze mille vierges (1), et le corps de sainte Ursule, qui eut le privilége d'être distinguée de ses compagnes par un pigeon. — Dans la même ville, les corps des trois rois mages qui ont adoré Jésus-Christ dans la crêche, relique non moins admirable que la tête d'Isaïe. — Dans l'église des Machabées de Cologne, la perruque de Jésus-Christ, ce que Misson trouva fort singulier (2); à Nuremberg, la pique dont le benoit S. Longin perça le côté de Jésus, pièce qui

---

(1) Ces reliques sont aussi à Notre-Dame de Paris.

(2) *Nouveau voyage d'Italie*, tome Iᵉʳ., pag. 49.

se montre encore en dix ou douze autres villes.

On vénère dans le même lieu une dent de S.-Jean-Baptiste, un bras de sainte Anne, le linge dont Jésus-Christ essuya les pieds des apôtres, etc.; à Venise, le rocher que Moïse frappa au désert, avec les quatre petits trous par où l'eau sortit, en assez grande abondance pour désaltérer six cent mille hommes, non comprises leurs familles et leurs bêtes de somme; la même ville conserve la tête de Jonas, qui n'est pas plus rare que celle d'Isaïe.

A Rome, on montre la verge de Moyse, celle d'Aaron, le prépuce de Jésus-Christ, la lanterne de Judas (1), la tasse de saint Roch, la colonne sur laquelle le coq de saint Pierre chanta, la tête de saint Pancrace, qui saigne

---

(1) La tasse de Judas Iscariote était aussi à *Saint-Denis, près Paris.*

devant les hérétiques; la tête de Zacharie, père de saint Jean-Baptiste; une épaule de saint Laurent, une dent de saint Pierre, la soutane de S.-Jean l'évangéliste, des cheveux de la vierge Marie, la chemise qu'elle fit à Jésus-Christ (1); une fiole de l'eau et du sang qui sortit du côté du Sauveur; la fenêtre par où l'ange Gabriel entra dans la chambre de Marie (2), la grille sur laquelle notre Seigneur était appuyé lorsqu'il prêchait (3), une fiole pleine du sang qui sortit des mains et des pieds de Jésus-Christ, des cheveux du Sauveur, etc.

On conserve à la cathédrale d'Amiens la tête de saint Jean-Baptiste, que l'abbé de Marolles vit dans six

---

(1) *Merveilles et antiquités de la ville de Rome, etc.*, Rouen, 1730, in-8°., pag. 3.

(2) *Ibid.*, pag. 4.

(3) *Ibid.*, pag. 10.

autres églises ; les moines de Vendôme possédaient la sainte larme que notre Seigneur pleura sur Lazare (1). Les moines de Coulombs montraient aux fidèles le prépuce de Jésus-Christ. —A Paris, enfin, on vénérait une des jambes d'un des saints innocens, les cheveux de sainte Marie-Madeleine, les langes où Jésus-Christ fut enveloppé pendant son enfance, les cheveux et *une fiole du lait de la sainte Vierge*..... (2)

» Ce qui m'apprit à mépriser les
» reliques des saints, dit d'Aubigné,
» dans le chap. VII de *la Confession*
» *catholique du sieur de Sancy*, c'est
» que je vis quinze ou seize corps à

---

(1) Voyez *l'Histoire véritable de la Sainte-Larme de Vendôme.*

(2) Cette dernière relique était à la Sainte-Chapelle. (*Voyages de Paul Beranger dans Paris, après 45 ans d'absence.* 1820. tom. Ier, pag. 97. — Piganiol, tom. Ier, etc.)

» saint Pierre, dix-huit à saint Paul,
» dix mille martyrs enterrés en la gran-
» deur d'un coffre, les marques des
» fesses de saint Fiacre sur une pierre
» en Brie ; à Jossé en Auvergne, en
» Catalogne et ailleurs, ...
» ....
» les plumes de l'ange Gabriel, du
» lait de la sainte Vierge, des rognures
» de ses ongles, un éternuement du
» saint Esprit, un han de saint Joseph
» fendant une bûche, etc. (1) »
« On garde à Naples, dit Misson (2),
» une assez raisonnable quantité du
» lait de la Vierge : ce lait devient
» liquide à toutes les fêtes de Notre-
» Dame. À la Cathédrale, le sang de
» saint Janvier bouillonne toutes les
» fois qu'on l'approche de la châsse où

---

(1) Dans le *Journal de Henri III*, édition de Cologne, 1720, tome 2, pag. 167 et 179.

(2) *Voyage en Italie*, tome 2, pag. 34.

» est le corps ; et le sang de St.-Jean-
» Baptiste fait la même chose, lors-
» qu'on dit la messe de la décollation
» de ce Saint, etc. »

Il serait aisé de pousser cette nomenclature à plusieurs mille pages, et peut-être trouverait-on, dans des livres peu connus, les preuves écrites des trois reliques de l'abbaye de Signy. On se contente de prouver que la chartre de saint Bernard est attestée, et que les deux reliques qui l'accompagnent n'ont rien d'extraordinaire.

§. II.

FONDATION DE NICE DE LA PAILLE.

(*Le père Augustin m'avait conté plusieurs fois que, dans le siècle précédent, les serfs d'un petit canton de l'Italie s'étaient enfin lassés de leurs chaînes ; qu'ils avaient tué leurs tyrans, et qu'ils jouissaient, dans la petite ville qu'ils avaient fondée, d'une lueur de liberté.* Chap. vii.)

Pour faire connaître cet événement nous nous contenterons de traduire la notice qu'en a donnée Jules Colomb, en tête de son poëme du *Fodero*.

« Dans cette partie du Montferrat, qui fut anciennement habitée par les Statielli, et principalement dans la belle vallée qui renferme Belmonte, Lanero, Lintilliano, Quinzano, Garbazola et Calamandrana, sur les rives du Belbo, on voyait autrefois six châteaux-forts, habités par des seigneurs qui reconnaissaient pour suzerain le marquis de Montferrat.

» Ces seigneurs, nommés les comtes d'Aquesana, se conduisaient avec leurs serfs d'une manière si barbare, qu'ils ne devaient point en attendre d'amour. Entre les autres droits que leur accordait la féodalité, ils montraient surtout l'attachement le plus opiniâtre à la loi du *Fodero*, en vertu de laquelle toutes les jeunes épouses étaient obligées d'offrir la première nuit de leurs noces, et de porter leurs prémices au comte leur seigneur.

» Les malheureux serfs souffrirent

long-temps cette infamie ; mais enfin, en l'année 1235, ils réfléchirent sur leurs forces ; ils considérèrent avec effroi l'indignité de leur sort ; ils reprirent quelque sentiment d'honneur, et demandèrent à leurs tyrans l'abolition du droit de cuissage. On pense bien que leur requête fut mal reçue ; dès-lors ils songèrent à prendre la liberté qu'on refusait de leur rendre. La cloche de Belmonte donna le signal du rassemblement ; les six villages conjurés attaquèrent les six comtes, qui furent mis à mort. On brûla les châteaux ; les paysans vengés détruisirent même leurs cabanes, abandonnèrent le sol où ils étaient nés dans l'esclavage, et s'allèrent établir à l'embouchure de la Nice. La petite ville qu'ils fondèrent s'appelle encore aujourd'hui *Nice de la Paille*. —Ces faits se trouvent dans les annales de Ghillini, et dans plusieurs autres historiens, sous l'année 1235 (1). »

— M. le général Auguste Jubé, dans le charmant article qu'il a bien voulu consacrer au *Dictionnaire Féodal* (2), raconte un trait assez semblable à celui de Nice de la Paille, mais présenté plus agréablement.

« Plusieurs villages du Piémont se révoltèrent contre leurs seigneurs, à l'occasion de ce droit si avilissant pour les maris : quelques-uns secouèrent entièrement le joug et se donnèrent au comte de Savoie, Amédée VI. La ville d'Ivrée, dont les marquis ont porté la couronne du royaume d'Italie, célèbre encore chaque année, dans le

---

(1) Jules Colomb a bâti sur ce trait son poëme du *Fodero* ou le droit de cuissage. Ce poëme est rare et très-singulier; il est étonnant qu'on ne se soit pas encore avisé de nous le traduire.

(2) *L'Indépendant*. 12 Août 1819.

carnaval, la délivrance des habitans de son faubourg, opérée par un meunier.

« La nuit de ses noces, assisté de ses amis et de la famille de sa femme, qui était fort jolie, il escalada le château du seigneur, arriva assez à temps pour prévenir l'inconvénient qu'il redoutait, et trancha la tête au ravisseur. Cette tête fut promenée en triomphe, à la pointe de l'épée, dans la ville et dans tout le Canavais, dont Ivrée est la capitale ; et le château fut démoli. Ses ruines existent encore près de la Doire, dans le faubourg saint Laurent. Aux jours gras, toute la jeunesse d'Ivrée et des environs monte à cheval, on court ventre à terre dans la ville, on se rend au Castel ; *l'abbate*, qui est un petit enfant bien paré, et soutenu à cheval par un bon écuyer, donne un coup de marteau sur ces ruines ; on lui met ensuite à la main une épée, à la pointe de laquelle est une orange, et les courses recommencent, avec des cavalcades, autour d'arbres et de bûchers allumés dans chaque place des sept paroisses d'Ivrée. Les cris, les chants, les torches enflammées, la joie, les illuminations, les festins, font de la dernière nuit une nuit de délire, qui se passe sans accidens, sans l'intervention d'aucune autorité, d'aucune police quelconque, et qui est suivie le lendemain d'un calme qui surprend tous les étrangers. Depuis cinq cents ans cette fête se renouvelle avec les mêmes détails ; et pendant tout le temps que le Piémont a été réuni à la France, les employés et les militaires français s'unissaient à la cavalcade, augmentaient le nombre des convives, et célébraient avec les Piémontais la destruction du vilain droit du seigneur, du *Cazzagio*. »

§. III.

HISTOIRE DE SAINT JULIEN L'HOSPITALIER.

(Le prêtre qui devait prêcher monta en chaire, tenant en main un tableau grossier qu'il présenta à la vénération de ses auditeurs. Il débita ensuite, du ton le plus ridicule, l'histoire de saint Julien, à qui un cerf annonça qu'il tuerait son père et sa mère ; qui les tua en effet ; qui fit ensuite pénitence avec sa femme; qui passa un lépreux par charité sur une rivière qui n'avait pas de pont, et qui vit ce lépreux se changer en une croix blanche entre ses mains, etc. CHAP. VII. *)*

Voici l'histoire de saint Julien l'hospitalier (car c'est de lui qu'il s'agit) exactement traduite de la Légende dorée, livre excellent entre tous les livres, composé par frère *Jacques de Voragine* conteur admirable entre tous les conteurs. (*In legenda trigesima*, *paragrapho* D.)

« Saint Julien l'hospitalier tua son père et sa mère, sans seulement s'en douter, car la chose se fit de cette manière : il était fils d'un seigneur, et dans sa jeunesse il passait presque tout son temps à la chasse. Un certain jour que dans un certain bois il poursuivait un certain cerf, ce dernier s'arrêta, et prenant miraculeusement la parole, il dit à Julien : — *Cesse de me poursuivre, car tu tueras ton père et ta mère.*

» Julien, entendant cette prophétie sortir d'une bouche qui n'était pas faite pour parler, eut une peur très-véhémente ; et, tremblant de commettre un jour le crime dont le cerf le menaçait, il abandonna secrètement le château qui l'avait vu naître, et s'en alla dans un pays bien éloigné.

« Lorsqu'il se crut assez loin pour ne pouvoir tuer ses parens, il offrit ses services à un jeune prince, qui, sur sa simple bonne mine, le fit officier dans ses troupes et conseiller dans son palais. Julien se conduisit si bravement à l'armée, et si sagement à la cour, que son maître lui fit épouser une jeune veuve, belle, sage, très-riche, et maîtresse d'un beau château. En épousant la châtelaine, Julien entra aussi en possession du château et de tous les biens ; de façon qu'il devint tout-à-coup gros seigneur.

» Or, les parens de Julien, douloureusement affectés de la perte de leur fils, s'étaient décidés à courir sur ses traces, et depuis plusieurs années ils le cherchaient de toutes parts. Enfin, ils arrivèrent à son château et demandèrent qu'on leur permît d'y passer la nuit. Le seigneur du château était absent, soit qu'il fût à la chasse, soit qu'il vaquât à ses devoirs auprès du prince. Mais sa femme, qui était assez compatissante, fit pour lui les honneurs de la maison.

» Bientôt, ayant entendu tout ce que ces étrangers disaient de la perte de leur fils et du motif de leur voyage, elle comprit qu'ils étaient les parens de son mari, parce que Julien lui avait raconté plusieurs fois l'aventure du cerf. Elle les traita donc avec respect et bienveillance, et les fit coucher dans son propre lit. Il n'est pas besoin de dire qu'elle se coucha dans un autre, en attendant son époux; mais Julien ne revint pas de la nuit.

» Le lendemain matin, la châtelaine alla à l'église, selon son usage. Julien prit tout juste ce moment pour rentrer, et marcha droit à son lit. On se figure aisément sa surprise, en voyant sa place remplie. Il faisait à peine jour: la jalousie acheva de l'empêcher d'y voir; il s'imagina que sa femme avait souillé la couche nuptiale, et qu'après avoir commis l'adultère, c'était elle qui dormait dans les bras d'un amant; il était loin de songer à son père et à sa mère! Transporté de fureur, il tira son épée et tua ces pauvres gens par qui il se croyait outragé. L'histoire dit qu'il les perça si rudement, qu'ils n'eurent pas même le temps de parler. C'est pour cela qu'il ne reconnut son crime que lorsqu'en sortant de sa chambre il aperçut sa femme qui revenait de l'église.

» Il courut tout stupéfait au-devant d'elle, et lui demanda qui étaient ceux qu'il avait trouvés dans son lit? Et lorsqu'il eut tout appris : — Ah! malheureux, qu'ai-je fait! s'écria-t-il; j'ai tué mes bons parens! j'ai accompli la prophétie du cerf, en voulant l'éviter !.... Adieu, ma chère sœur, je vous quitte, pour ne prendre de repos que quand j'aurai fait pénitence...

» Mais la généreuse épouse de Julien lui répondit : — Mon cher frère, vous ne partirez pas sans moi ; j'ai partagé votre bonheur, je partagerai vos peines.....

» Ils se rendirent donc tous deux sur les bords d'un grand fleuve qui n'avait pas de pont, et dont le passage était des plus dangereux. Ils s'y bâtirent une maison, et firent leur pénitence, en passant pour l'amour de Dieu tous ceux qui voulaient traverser le fleuve, et en donnant l'hospitalité aux pauvres. Au bout de quelques années, une nuit qu'il faisait un froid rigoureux, une gelée très-dure, un vent et une neige effroyables, pendant que Julien et sa femme se reposaient, dans le sommeil, des travaux de la journée, ils entendirent à l'autre bord du fleuve un malheureux qui poussait des cris lamentables, et qui suppliait qu'on vînt le passer, car le froid allait le faire mourir. Julien s'éveillant à ces cris, se leva aussitôt, et se jeta ainsi que sa femme dans la nacelle; ils trouvèrent le pauvre homme à moitié gelé, le portèrent dans leur maison, le réchauffèrent auprès d'un bon feu, et le couchèrent dans leur lit.

»Mais au bout d'un instant, celui qui paraissait faible, lépreux, à demi-mort, se montra brillant de lumière, et s'élevant au ciel entouré de gloire, il dit aux deux époux qu'ils avaient trouvé grâce devant Dieu; que le crime de Julien venait d'être effacé; que les portes du paradis leur étaient ouvertes...... Ils moururent en effet l'un et l'autre quelques heures après. »

—Ce conte est un de ceux que le christianisme aurait dû rejeter, parce que, s'il présente quelque morale dans ses dernières lignes, l'action principale établit la doctrine du fatalisme, renverse le libre arbitre, et outrage la bonté et la justice de Dieu. M. Jacques Saint-Albin a publié, dans *les Trois Animaux philosophes*, chapitre IX, des Voyages de l'ours de saint-Corbinian, *l'histoire miraculeuse et la pénitence mémorable de saint-Julien l'hospitalier*. Ce morceau est plus piquant que celui que nous venons de donner, puisqu'il renferme la crême des légendes et des contes populaires auxquels saint-Julien a donné lieu ; mais nous n'avons pas osé le transcrire, parce qu'il est un peu long, et que l'ouvrage est tout nouveau (1). On y trouve le fait du

---

(1) *Les trois animaux philosophes* ont été publiés chez Mongie, en 1819.

lépreux qui disparaît, non, comme ici, sous la forme d'un homme lumineux, mais, comme dans la citation du père Augustin, sous la forme d'une croix blanche.

§. IV.

HISTOIRE DES SEPT DORMANS.

(Dieu protège par d'étonnans prodiges ceux qui l'aiment et que les hommes persécutent. C'est ainsi qu'il daigna soustraire les sept dormans à la tyrannie de Décius. Ils reparurent sur la terre après un sommeil de deux siècles. Chap. ix.*)*

L'histoire des sept dormans est très-fameuse dans la mythologie moderne. La voici, telle que nos théologiens la racontent :

L'empereur Décius, qui s'était décidé à persécuter les chrétiens, étant venu à Ephèse, y fit élever un temple aux dieux du paganisme, et ordonna que l'on fît mourir tous ceux qui refuseraient d'y sacrifier. La terreur fut grande parmi les adorateurs de Jésus-Christ. Sept jeunes gens, Maximien, Malchus, Martian, Denys, Jean, Serapion et Constantin, attachés à la religion de leurs pères, refusèrent d'apostasier; et se rappelant le précepte de l'évangile : *fuyez la persécution*, ils ne cherchèrent point le martyre; mais ils se retirèrent sur une montagne escarpée et se cachèrent dans une caverne profonde, où ils attendirent que Dieu les prît en aide.

L'un d'eux allait tous les jours à la ville, déguisé en mendiant; il en rapportait des provisions, et s'informait soigneusement de tout ce qui se passait.

Un soir, il annonça à ses compagnons que l'empereur ayant appris leur fuite, était entré dans une grande fureur; qu'il les avait condamnés à la mort la plus cruelle, et qu'on les cherchait de toutes parts. Les sept jeunes gens, abattus, consternés, passèrent quelques heures en prières, et demandèrent à Dieu la force de mourir en chrétiens. Un rayon d'espérance les ranima intérieurement, et ils se mirent à souper, en s'exhortant mutuellement à avoir confiance en Dieu.

Après qu'ils eurent soupé, ils s'endormirent tous sept d'un sommeil profond et miraculeux, comme la suite le fera voir.

On avait envoyé tant d'espions à la poursuite des sept jeunes chrétiens, qu'on découvrit leur retraite. On en informa l'empereur, le soir même où ils s'endormirent. Décius, irrité, partit le lendemain matin avec un détachement de soldats et de bourreaux, à la caverne où ils reposaient. Le soleil était déjà élevé : l'empereur, tout étonné de voir les sept jeunes gens endormis, défendit qu'on les éveillât, et fît fermer d'une muraille épaisse l'entrée de la caverne, avec l'idée qu'ils y mourraient dans les horreurs de la faim. Il n'en fut pas ainsi ; car Dieu veillait sur ses serviteurs. Ils dormirent en paix plus de deux cents ans....

Cependant Décius et toute sa génération avait passé sur la terre. Sous le règne de Théodose-le-Jeune, des pâtres ayant renversé la muraille qui fermait la caverne où ils dormaient, les sept jeunes chrétiens s'éveillèrent, ne pensant pas avoir fait un somme extraordinaire. Après s'être donné le salut, ils revinrent à leur conversation de *la veille*, parlèrent des cruautés de Décius, et exhortèrent l'un d'eux à retourner aux provisions, car ils avaient faim. Malchus, qui se chargeait de cette commission, se décida à reprendre le chemin de la ville sous ses habits de mendiant.

Il éprouva quelque surprise, en voyant devant la caverne une muraille à demi ruinée ; mais, comme il avait bien d'autres soins en tête, il passa son chemin, en remettant son étonnement à une autre fois (1). Lorsqu'il arriva aux portes d'Éphèse, il aperçut devant lui une grande croix plantée sur la route ; il eut peine à en croire ses yeux, et ne se persuada qu'il était bien éveillé, qu'en remarquant à chaque pas, dans la première rue de la ville, des croix et d'autres choses saintes ; car Théodose-le-Jeune était très-pieux et bon chrétien. Il entendit aussi des gens qui parlaient librement de Jésus-Christ.

Tout stupéfait des changemens survenus pendant qu'il dormait, il chercha à s'en éclaircir. Il entra d'abord chez un boulanger, à qui il demanda du pain pour cinq pièces de monnaie,

---

(1) Jacobus de Voragine. *In Leg. aur.*

qu'on lui refusa, parce qu'elles étaient trop vieilles. — Mais, dit Malchus, on les a frappées cette année.... Le boulanger ne lui répondit rien, et se mit à chuchotter avec ses voisins, en leur montrant les pièces de monnaie. Pendant ce temps-là, le jeune chrétien réfléchissant qu'il avait trouvé tous les bâtimens changés, les modes différentes, le langage un peu altéré, se demanda s'il était bien à Éphèse ? La boulangère, auprès de qui il s'en informa, lui répondit par l'affirmative. Malchus commença alors à s'effrayer, et tremblant qu'on ne voulût le livrer à l'empereur, il pria le boulanger de lui rendre ses pièces de monnaie, si elles ne lui convenaient point, et de garder son pain.

— Jeune homme, dit le boulanger, vous avez trouvé quelque trésor de nos anciens empereurs ; si vous voulez que nous le partagions ensemble, nous ne vous découvrirons pas; autrement, nous allons vous dénoncer.... Malchus, interdit, ne sut que répondre, sinon qu'il n'avait point trouvé de trésor.

Comme on n'en put rien tirer de plus, on le conduisit au proconsul. Ce dernier, voyant les cinq pièces de monnaie que Malchus avait données au boulanger, lui demanda où il les avait trouvées. — Je les ai prises, répondit Malchus, dans une bourse que m'ont donnée mes parens. — De quelle ville es-tu, dit le proconsul? — D'Éphèse. — Eh bien! fais venir tes parens, afin qu'ils te justifient.... Malchus nomma inutilement toute sa famille, tous ses amis; personne ne les connaissait; ceux qui avaient porté ces noms-là étaient morts depuis long-temps. On s'écria que ce jeune homme était un fourbe.—Quand même ses parens se trouveraient, dit le proconsul, comment pourraient-ils lui avoir donné ces pièces de monnaie qui portent la face de Décius, et qui ont deux cents ans d'antiquité. — Seigneur, interrompit Malchus, en se jetant à genoux, dites-moi, je vous prie, où est Décius ? — Il y a deux siècles qu'il est mort, lui répondit-on. — C'est ce que je ne puis comprendre, continua le jeune chrétien ; si vous voulez envoyer à la montagne voisine, on y trouvera, dans une caverne, mes six compagnons. Nous sommes sortis hier d'Éphèse pour nous soustraire aux fureurs de Décius....

On commençait à craindre que Malchus ne fût un fou. Mais lorsqu'on eut entendu ses compagnons tenir le même langage, on y regarda de plus près. Enfin, on trouva dans la caverne une lettre miraculeuse, écrite en caractères d'argent, qui dévoila tout le mystère ; on reconnut que les sept dormans étaient autant de saints. L'empereur Théodose n'eut pas plutôt appris cette histoire, qu'il vint, en toute hâte, de Constantinople à Éphèse, pour les voir. Après qu'ils eurent salué l'empereur, et qu'ils lui eurent prédit bien des choses, quoique leur sommeil de deux cents ans ne les eût point vieillis, ils moururent tous les sept à-la-fois et tout de bon. On les mit incontinent dans des châsses d'or, et on les honora d'un culte particulier dans Éphèse (1).

L'histoire des sept dormans est encore plus fameuse chez les arabes que chez les chrétiens. Mahomet l'a insérée dans son Alcoran, et les Turcs l'ont embellie. (2)

Sous l'empire de Décius, disent-ils (l'an de notre ère 250), sept jeunes chrétiens voulant éviter la persécution, se réfugièrent dans une caverne, si-

---

(1) Cette Histoire est tirée de plusieurs légendes et autres livres ecclésiastiques.

(2) Ce morceau est extrait du *Dictionnaire infernal*, tome Ier., article *Dormans*.

tuée à quelque distance d'Éphèse, et par une grâce particulière du ciel ils y dormirent d'un sommeil profond pendant deux cents ans. Ils eurent durant ce sommeil des révélations surprenantes, et apprirent en songe tout ce que pourraient savoir des hommes qui auraient employé un pareil espace de temps à étudier sans relâche. Leur chien, ou du moins celui d'un d'entre eux, les avait suivis dans leur retraite, et mit à profit aussi bien qu'eux le temps de son sommeil. Il devint le chien le plus instruit du monde.

L'an de Jésus-Christ 450, sous l'empereur Théodose-le-Jeune, les sept dormans se réveillèrent et entrèrent dans la ville d'Ephèse, croyant n'avoir fait qu'un bon somme ; mais ils trouvèrent tout bien changé. Il y avait longtemps que les persécutions contre le christianisme étaient finies. Des empereurs chrétiens occupaient les deux trônes d'Orient et d'Occident. Les questions des sept dormans et l'étonnement qu'ils témoignèrent aux réponses qu'on leur fit surprirent tout le monde. Ils contèrent naïvement leur histoire : le peuple, frappé d'admiration, les conduisit à l'évêque; celui-ci les envoya au patriarche, qui les fit présenter à l'empereur. Les sept dormans révélèrent et prédirent les choses du monde les plus singulières. Ils annoncèrent entre autres l'avènement du saint prophète Mahomet, l'établissement et les grands succès de sa religion, comme devant avoir lieu deux cents ans après leur réveil. Quand ils eurent ainsi satisfait la curiosité de l'empereur et de toute sa cour, ils se retirèrent de nouveau dans leur caverne et y moururent tout de bon. On montre encore cette grotte auprès d'Ephèse.

Quant à leur chien, il acheva sa

carrière, et vécut autant qu'un chien peut vivre, en ne comptant pour rien les deux cents ans qu'il avait dormi comme ses maîtres. C'était un animal dont les connaissances surpassaient celles de tous les philosophes, de tous les savans et de tous les beaux-esprits de son siècle; aussi s'empressait-on à le fêter et à le régaler; et les musulmans le placent dans le paradis, entre l'âne de Balaam et celui qui portait Jésus-Christ le jour des Rameaux.

Les Persans, qui ont adopté la même histoire, la content d'une manière encore plus merveilleuse. On peut s'en faire quelqu'idée, si on veut lire *l'histoire de Dakianos et des sept dormans*, dans les nouveaux Contes orientaux du comte de Caylus. Les détails sont embellis; mais le fond est assez conforme à la mythologie persane.

§. V.

CHANSON DE JACQUES CAILLET.

(CHAPITRE XII.)

Comme nos pères ne nous ont laissé aucune chanson patriotique, on a dû être surpris des sentimens qui règnent dans celle du brave Caillet. Il me semble qu'on peut la regarder comme un monument d'autant plus précieux qu'il est seul dans son genre. J'ai tâché de le traduire en vers, avec l'idée qu'on pourrait le chanter. Je dois ici donner l'original, avec une version plus exacte. Je dis *l'original,* et je me trompe, car cette chanson n'a pu être composée qu'en patois picard. Mais enfin la voici telle que Marcel la rapporte, en rimes latines, et en mauvais latin, comme nos chants d'église :

HYMNUS AD PATRIAM.

O Francorum terram tristem !
Liberorum nomen grande
Procul jacet. Hic ubique
Tundunt Francis servitutem
Centies mille tyranni !
O patriam infelicem,
Grande nomen amisisti !

Dixit Deus immortalis
Creato primo parentum :
» Princeps esto terrestrium ;
» Animantibus præeris. »
Sed non dixit Deus ille :
» Fortiori licet fratris
» Collum jugo submittere. »

At, Satani superbiâ,
Jam tumuerunt homines;
Tunc opprimuntur debiles
Labore et miseriâ.
Fortiorque domnans fratrem,
Catenarum injuriâ
Hunc habuit corporalem.

Extincta diù libertas
Inter servos tandem lucet,
Contemptos ad magna movet,
Et trementum ducit turbas.
Cadunt tunc diri tyranni,
Et servis super catenas
Mitiores fluunt anni.

O Francorum terram tristem!
Liberorum nomen grande
Procul jacet. Hic ubique
Tundunt Francis servitutem

Centies mille tyranni!
O patriam infelicem,
Grande nomen amisisti!

―――

O Franciam infelicem!
O mœstam nimis patriam!
Dabit Deus diem illam
Quâ videbis libertatem.
Tunc avorum surget decus;
Tunc gloriam languescentem
Nostræ tibi reddent manus.

―――

Pigargorum (1) juga rumpas
Magna, mœrensque patria.
Cum libertate, gloria
Felices affert copias.
O FRANCORUM MATER ALMA,

―――

(1) *Pigargus* : c'est le nom d'un oiseau de proie, fier, cruel, et qui a le cul blanc. On appliqua ce nom aux seigneurs de village, soit parce qu'ils avaient des hauts de chausses blancs, soit plutôt à cause de leur férocité et de leur naturel cruel, fier, rapace.

Salve, ter salve, libertas!
Sparge nobis solamina.

TRADUCTION LITTÉRALE.

HYMNE A LA PATRIE.

O triste pays de France! le nom des francs, tes premiers fils, n'est plus qu'un songe éloigné. Les Français ne voient de toutes parts que des serfs, et cent mille tyrans qui les tiennent dans les fers du plus dur esclavage. O ma pauvre patrie, ton beau nom est perdu!

Quand Dieu créa notre premier père, il lui dit : — « Sois le maître de tout » ce qui est sur la terre. Tu comman-

» deras aux animaux. » Mais Dieu ne lui dit pas : — « Le plus fort peut » tenir son frère sous le joug. »

Cependant le cœur des hommes s'enfla bientôt du coupable orgueil de Satan. Dès-lors les plus faibles sont opprimés, chargés de travaux pénibles, condamnés à la misère. Le plus fort soumet son frère, le charge de chaînes, et le traite comme un homme corvéable.

La liberté, si long-temps éteinte, brille enfin parmi les esclaves ; elle inspire de grandes choses à ces malheureux qu'on méprise, et guide leurs cohortes tremblantes. Alors les cruels tyrans sont renversés ; et le serf, assis sur ses chaînes, coule de plus douces années.

O triste pays de France ! le nom des

Francs, tes premiers fils, n'est plus qu'un songe éloigné. Les Français ne voyent de toutes parts que des serfs, et cent mille tyrans qui les tiennent dans les fers du plus dur esclavage. O ma pauvre patrie, ton beau nom est perdu !

O malheureuse France ! O ma triste patrie ! Dieu fera briller pour toi ces beaux jours, où tu reverras la liberté. La voix de nos braves aïeux se fera entendre dans nos âmes, et nos mains te rendront ta gloire mourante.

O ma patrie, si grande et si infortunée, secoue enfin le joug des seigneurs. La liberté te rendra ta gloire, ton bonheur et tes richesses. Auguste mère des Francs, salut, trois fois salut, ô liberté ! viens consoler la France !.......

§. VI.

VERS MAGIQUES.

Que l'époux soit sensible aux feux de son épouse ;
Et s'il veut se ravir à mon ardeur jalouse ;
Qu'il m'offre encor l'encens qu'il croit porter ailleurs ;
Torcuna, Vilmerga, Lornina sont mes sœurs.

(CHAP. XIII.)

Ou ne sera peut-être pas fâché de connaître le latin, qui est assez singulier :

>Sit conjux ardoris
>Particeps uxoris ;
>Et si Zelicuræ
>Igni Castellanæ
>Vult tollere semen,
>Thus et oblectamen,
>Alias oblatum,
>Sit mihi gaudium

Nec suspicetur res.
Torcunam,
Vilmergam,
Lornimam
Habeo sorores.

Si les vers français ne sont pas bons, la traduction a du moins quelque exactitude. Voici cependant une version plus littérale :

» Que l'époux prenne part à l'ar-
» deur de son épouse ; et s'il veut en-
» lever aux feux de sa châtelaine, si
» zélée pour son amour et son hon-
» neur, ce qu'il ne doit semer que
» chez moi, que cet encens et ce plai-
» sir qu'il porte ailleurs fasse encore
» ma joie, sans qu'il se doute de ces
» choses-là. J'ai pour sœur Torcuna,
» Vilmerga, Lornima..... »

§. VII.

SAINT GENGOUL ET SAINTE VICTOIRE.

(Saint Gengulus et sainte Victoire, cités dans le discours du curé au seigneur de Frocourt, comme ayant apparu audit curé, Chap. xiii.*)*

Saint Gengon, Gengoul, Jean-Goul, Gengout, Gengolff, ou Gengulus, naquit en Bourgogne vers le commencement de la mairie de Charles Martel, et reçut une éducation toute chrétienne. Ses parens étaient nobles. Lorsqu'il fut nubile, il épousa une femme de condition qui ne s'accorda pas très-bien avec lui. Gengoul était doux, modeste et vertueux ; sa femme, au contraire, était vive, orgueilleuse et très portée au libertinage (1). Elle en donna des preuves non équivoques, pendant une longue absence de son mari, que sa naissance avait obligé de prendre de l'emploi dans l'armée. Non-seulement elle osa fouler aux pieds toutes les lois de la décence et de l'honneur, en partageant son lit avec des étrangers; elle ajouta la raillerie à l'outrage; et fit de mauvaises plaisanteries sur la douceur et les vertus de son époux.

Gengoul prit son mal en patience, et n'opposa que la bonté à de pareils excès; mais voyant que sa femme allait de mal en pis, il se sépara d'elle par le conseil de sa famille. Cette méchante femme ne vit pas sans dépit un divorce qui mettait des bornes à ses dépenses, parce que Gengoul n'a-

---

(1) *Dictionnaire des Saints personnages;* les Bollandistes, etc.

vait point fait d'enfans, et qu'il retirait son bien; c'est pourquoi elle le fit assassiner par l'un des complices de ses désordres. C'est le patron des époux malheureux. L'Église l'a mis au rang des saints et l'honore comme martyr. Il fit des miracles après sa mort.

» Les révérends pères Giry et Riba-
» dénéïra, très-respectables légen-
» daires jésuites, assurent que le ciel
» a signalé ses merveilles sur le pos-
» térieur de la femme de saint Gengoul
» ou Jean Goule. On vint dire à cette
» femme que le corps de son époux
» opérait des prodiges.—Oui, dit-elle,
» il fait des miracles comme mon cul
» pète. A l'instant elle péta, et ne fit
» que péter continuellement le reste
» de sa vie (1). La ville de Cam-

---

(1) Dulaurens, *les abus dans les cérémonies et dans les mœurs développés*, pag. 3 de la préface, note 1.

» bray faisait tous les ans une procession
» solemnelle en mémoire de cet évé-
» nement miraculeux. «

— Il y a plusieurs saintes *Victoire*. La plus fameuse est sainte Victoire de Cucuse, qui souffrit le martyre sous la persécution d'Huneric, roi des Vandales. Ayant été arrêtée comme chrétienne, on la condamna à être brûlée, suspendue en l'air. Pendant ce cruel supplice, son mari lui disait ce qu'il pouvait imaginer de plus touchant et de plus tendre, l'exhortant à avoir au moins pitié de ses enfans; mais elle n'en fut point ébranlée..... (1) On l'honore le 6 de décembre, jour de son supplice.

---

(1) *Dictionnaire des Saints Personnages.*

§. VIII.

HISTOIRE DE L'IMAGE MIRACULEUSE DE NOTRE-DAME DE LIESSE,

(*Tirée du livre de M. le chanoine Villette, docteur de Sorbonne, grand-archidiacre de Laon, chapelain de Notre-Dame de Liesse, etc.* Laon, 1728, avec privilége du Roi et six approbations. Pour le CHAP. XIV.)

« Ascalon, ancienne ville des Philistins, à quatre lieues de Bersabée, était une de celles qui incommodaient le plus les chrétiens de la Palestine. Elle était, au douzième siècle, sous la puissance du soudan d'Égypte. Il y entretenait une garnison considérable et cette ville, très-forte par sa situation, par son commerce et par ses richesses, faisait bien envie aux pélerins et aux troupes chrétiennes.

» Parmi les chevaliers qui se distinguaient alors en Palestine, on remarquait trois frères, de la maison d'Eppe, en Picardie, très-illustres par leur piété et leurs belles actions. Or, dans un petit combat que livrèrent les chrétiens à ceux d'Ascalon, les trois frères picards furent pris et conduits dans les prisons du soudan.

» Ce prince ayant voulu les voir, fut si charmé de leur bonne mine et de leur taille imposante, qu'il leur proposa de se faire musulmans, promettant de leur donner de bons emplois dans ses armées. Les trois frères rejetèrent ces propositions, et furent mis au cachot avec de l'eau et du pain.

» Ces traitemens et les insultes

qu'on y ajouta ne détournèrent pas les trois frères de la bonne voie. Le soudan y perdit son éloquence ; il les fit prêcher par ses docteurs qui n'y gagnèrent pas davantage ; il les tenta par les plus belles richesses, sans réussir d'aucune façon.

» A la fin, il avisa un moyen plus sûr ; ce fut d'envoyer aux chevaliers sa fille même, la princesse Ismérie. Elle était jeune, belle, charmante ; elle avait une touchante douceur, des regards expressifs, un esprit agréable, et parlait avec une grâce qui entraînait tous les cœurs.

» Elle pénétra dans la prison, séduisante et parée, et dit aux trois frères qu'ils devaient sa visite à leur réputation ; qu'elle avait été curieuse de les voir, et qu'elle serait désolée que des chevaliers si braves fussent empalés. Elle leur insinua doucement qu'ils pouvaient retrouver la liberté, la vie, les honneurs, en abandonnant une religion malheureuse pour le culte du grand prophète.

» Les charmes du sexe sont bien puissans et bien dangereux à la religion. Mais la foi de nos chevaliers était grande : au lieu de se laisser séduire par les discours de la belle Ismérie, ils lui expliquèrent si bien le mystère de l'incarnation, la Trinité, et les autres mystères de notre religion, qu'ils la convertirent elle-même dans la même séance, et que la princesse conçut le plus vif désir de voir la sainte Vierge.

— « Ecoutez, dit l'un des chevaliers, je ne suis ni sculpteur ni peintre ; néanmoins, si vous voulez m'envoyer du bois et des instrumens, je vous en ferai une figure qui vous en donnera quelque idée...... La princesse sortit, envoya ce qu'on lui demandait, et retourna vers son père, qui l'attendait avec impatience. Elle se garda bien de lui dire qu'elle était convertie ; elle dissimula, et lui fit espérer au contraire qu'elle convertirait bientôt les trois frères picards.

» Cependant les trois chevaliers étaient bien embarrassés de faire leur image ou statue. Après y avoir travaillé plusieurs jours, ils prièrent le ciel de les aider, et s'endormirent là dessus. De beaux songes les enchantèrent pen- eur sommeil; mais quel fut leur ravissement, lorsqu'à leur réveil ils virent devant eux une image de la sainte Vierge, envoyée d'en haut, ravissante de beauté, et presque lumineuse !

» Ils attendirent impatiemment la princesse, pour lui faire part de ce miracle. Ismérie ne les fit pas languir long-temps : le matin de cette favorable nuit, elle arriva à la prison. On se figure aisément son agréable surprise, à la vue de la miraculeuse image que les chevaliers d'Eppe lui présentèrent comme une insigne faveur du ciel. Ses yeux furent éblouis de la beauté de la statue, son esprit pénétré des vives lumières de l'esprit saint, son cœur si fortement touché de la grâce, qu'elle fut dès-lors tout-à-fait bonne chrétienne. Elle adora et baisa la précieuse image, qu'on appela *Notre-Dame de Liesse*, à cause de la joie qu'elle apportait dans cette prison.

» Bref, la princesse, ayant fait ses réflexions, proposa aux chevaliers de les délivrer, à condition qu'ils l'emmeneraient avec eux dans un pays où elle pût faire son salut. Les trois frères picards se jetèrent à genoux, rendant grâces à Dieu, à la sainte Vierge et à la princesse.

» Au commencement de la nuit, la sainte Vierge apparut, au milieu d'une splendeur céleste, à la bonne Ismérie. l'engagea à passer en France, et lui promit qu'après avoir mené une vie chaste et sainte, elle recevrait dans le ciel la couronne de gloire. Ismérie n'hésita plus ; elle fit retirer ses filles, se chargea de ses pierreries, de la céleste image, de tout ce qu'elle avait de plus précieux, délivra les prisonniers et sortit avec eux de la ville, dont les portes s'ouvrirent miraculeusement devant l'image sainte.

» Arrivés au bord du Nil, un jeune homme se présenta pour les passer à l'autre bord dans sa barque; et quand le fleuve fut traversé, le jeune homme et la barque disparurent.

» La princesse et les chevaliers, frappés de ces miracles, marchent par le premier chemin qu'ils trouvent, en s'entretenant des miséricordes de Dieu. Après avoir marché quelque temps, le ciel permit que la princesse (dont la complexion était délicate et qui avait déjà passé deux nuits sans dormir), se trouvât fatiguée et hors d'état de continuer la route. Cela les obligea de s'arrêter ; et ils s'endormirent au pied d'un arbre.

» Ils eurent un nouvel étonnement à leur réveil ; ce fut de se trouver dans un autre pays et sous un autre climat. Les chevaliers reconnurent, à quelques pas, une fontaine de la Picardie, et un peu plus loin, leur château, avec les tours et les ponts-levis. En un mot, la princesse et les trois frères de la maison d'Eppe s'aperçurent qu'un ange les avait transportés, pendant leur sommeil, d'Egypte en Picardie....

» Les chevaliers ravis dirent donc à la princesse qu'elle pouvait être tranquille : — Nos libertés et nos vies sont en sûreté, continuèrent-ils, nous sommes en France, et qui plus est en

Picardie, et sur les terres de notre maison, et le château qui est devant nous est à nous....

» La princesse cherchait sa miraculeuse image ; mais la miraculeuse image avait aussi voyagé et s'était arrêtée auprès de la fontaine qu'ils avaient distinguée d'abord. On jugea prudemment que la sainte image voulait rester là, d'autant plus qu'il fut impossible de l'en ôter : c'est pourquoi on y bâtit une chapelle, où la princesse Ismérie fut baptisée sous le nom de Marie, et où il se fit depuis tant de miracles, que le nombre en est innombrable.

» Telle est l'histoire miraculeuse de la céleste image de Notre-Dame de Liesse, qui est arrivée en Picardie, l'an de Notre-Seigneur 1134. La chapelle et le bourg de Liesse s'élevèrent la même année. »

§. IX.

DE L'ABBAYE DE CHELLES,

(Dont il est parlé dans le CHAP. XV.)

On disait anciennement, en parlant d'une femme de mauvaise vie : —*Elle a passé le pont de Gournai, elle a sa honte bue.* Ce proverbe venait, dit Saint-Foix, de ce qu'aux temps anciens, où la clôture n'était pas bien observée dans les couvens de filles, les religieuses de Chelles, dont la maison était de l'autre côté de la Marne, passaient souvent le pont, et venaient visiter les moines du prieuré de Gournai. Lorsqu'il n'y eut plus de moines dans ce prieuré, les religieuses ne passèrent plus le pont.

§. X.

PROPHÉTIE DE JACQUES CAILLET.

Dans un demi-siècle, la France sera libre......... ... ... siècles et demi que ces mots ont été prononcés : ils ont été suivis de quatre siècles et demi d'esclavage.

Enfin la liberté vient de renaître sur le sol de la France, les Français abandonneront-ils cette liberté si chèrement achetée, pour reprendre leurs chaînes féodales ?

Il a fallu verser, pour nous rendre libres, des flots de sang et de larmes. La terre a été couverte de cadavres, la population décimée. Après tant d'épreuves, nous serions le plus lâche de tous les peuples, si nous redevenions esclaves. Non, plus heureux que le brave Caillet, nous chante jusqu'à la mort :

O liberté, mère de nos aïeux,
Trois fois salut ! tu consoles la France….

FIN.

TABLE

DU SECOND VOLUME.

CHAPITRE XII. La seigneurie de Frocour. Jacques Caillet. Amours de Marcel et de Marie. Chanson patriotique. . Pag. 1

CHAP. XIII. Changement de seigneur. Mariage de Marcel et de Marie. Encore le droit de cuissage. 22

TROISIÈME PARTIE.

... missionnaires. Le blasphémateur. L'épreuve de l'eau. Jugement du père Augustin. Excommunication du seigneur de Frocourt. Suites de cet anathème. 52

CHAP. XV. Rencontre de Gaspard. Aventures de ce Moine. Caillet est arrêté

dans Beauvais. Délivrance, et retour à
la Seigneurie............ 79
Chap. XVI. La Guerre de la Jacquerie. 105
Chap. XVII et dernier Lettre de Marcel
à son fils Marcel Jacques....... 178

APPENDICE.

§. Ier. Des reliques............ 187
§. II. De la fondation de Nicé de la
paille................ 195
§. III. Histoire de St. Julien l'hospitalier. 201
§. IV. Histoire des sept dormans..... 219
§. V. Chanson de Jacques Caillet... 222
    Hymnus ad patriam....... 225
    Traduction littérale....... 226
§. VI. Vers magiques.......... 229
§. VII. Saint Gengoul et Sainte Victoire. 231
§. VIII. Histoire de l'image miraculeuse
de Notre-Dame de Liesse........ 235
§. IX. De l'Abbaye de Chelles...... 241
§. X. Prophétie de Jacques Caillet.. 245

FIN DE LA TABLE DU SECOND ET DERNIER VOLUME.

IMPRIMERIE DE P. GUEFFIER.

www.ingramcontent.com/pod-product-compliance
Lightning Source LLC
Chambersburg PA
CBHW070636170426
43200CB00010B/2038